もやもやを解消！
スペイン語文法ドリル

徳永志織・愛場百合子
Shiori TOKUNAGA, Yuriko AIBA

SANSHUSHA

はじめに

　本書は30項目の基本的な文法事項を、「性と数」「時制と法」「文の構造」の3部に分けて、できるだけ簡潔に説明しています。どれも初めてスペイン語を勉強した時、「なんだこれ？」「うわー面倒くさい」と思った項目かと思います。「生物ならわかるけど、なんで物にまで性があるの？」「主語に合わせて活用するから主語は使わなくてもいいって、動詞を活用しないで主語を使った方がよほど楽。過去が2つとか、過去未来とか、接続法？　もう無理！」「再帰動詞？ gustar型動詞？　意味がわからない…」と感じた方々は少なくないはずです。そして、スペイン語の学習が嫌になり、やめてしまおうかな…という方向に行きそうになっている方、行ってしまったけど、もう一度やってみようかな、と思い直した方のお手伝いができればという思いから、本書は誕生しました。

　各課の最初の2ページは、「キホンのルール」と「ポイント」をまとめ、3ページ目の練習問題で理解度を確認します。4ページ目には、重要事項をさらに短くまとめた「すっきり」と、ステップアップへの足掛かりになる文法事項をまとめた「プラスα」があります。

　語学の学習は、山登りのようなものです。ゆっくりと足を踏みしめながら進んでいかないと、頂上に到着することはできません。状況に応じて、回り道をすることもあります。でも、頂上が見えず、どこまで行けばよいのか予想もつかなければ進む気力をなくしてしまいますよね。ですので、本書は頂上までをざっくり見渡せるような構成になっています。そして一度頂上を見たら、今度は皆さんの足で、ゆっくり一歩一歩、スペイン語習得という頂上を目指して進んでください。山頂に着いた時、眼下にはそれまでとは違う世界が広がっているはずです。

徳永志織
愛場百合子

スペイン語文法 ここがもやもやする

形容詞・冠詞・数字

- un euro / una libra
- lo / ello / esto eso aquello
- este estos / esta etas
- el los / la las
- alto altos / alta altas

動詞

- hablando
- hablado
- hablaba
- hablé
- hablo

本書の使い方

　本書は、入門文法書を終えたレベルの人が、初級文法の苦手な個所を無理なく習得、次のステップに進めるように配慮しました。

①「キホンのルール」
この文法項目で、基本となる知識です。うろ覚えの場合は、しっかり復習しましょう。

②「ポイント」 この文法項目をより深く理解するためのポイントです。「キホンのルール」の細則、例外などにあたります。

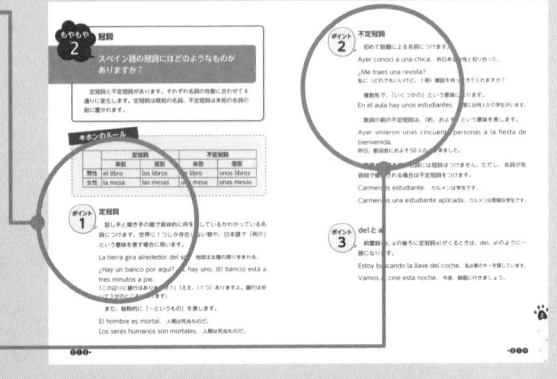

③「練習問題」 前のページの知識を生かして問題を解いてみましょう。解答は巻末にあります。全問解き終わってから見るようにしましょう。

④「すっきり」 この文法項目を攻略するための公式、アドバイスをまとめました。

⑤「＋α」 この文法項目に関する事柄を中心に補足説明しています。表現の幅を広げるのにも有効です。余裕のある人はぜひ活用ください。

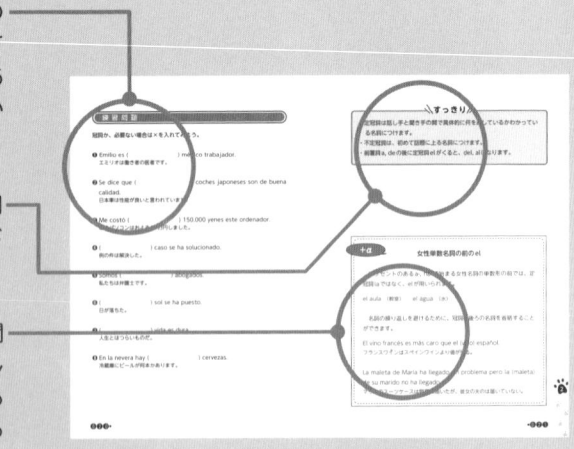

＊巻末付録「スペイン語文法早わかりシート」は、各課の「キホンのルール」「ポイント」をもとに再構成しています。

スペイン語文法ここがもやもやする 4

本書の使い方 6

第1部　性と数がもやもやする！

1 形容詞 14
形容詞が複数形になったり、名詞の前や後ろに置かれたりして、よくわかりません。

2 冠詞 18
スペイン語の冠詞にはどのようなものがありますか？

3 所有詞 22
所有を表す場合は、どのような言い方をしますか？

4 指示詞 26
「これ」や「この」がいろいろな形になるのは、なぜですか？

5 主格人称代名詞と前置詞格人称代名詞 30
主格人称代名詞と前置詞格人称代名詞は同じ形ですか？

6 目的格人称代名詞 ··· 34

目的格人称代名詞がたくさんあって、よくわかりません。

7 中性の定冠詞、中性の代名詞 ································· 38

男性と女性のほかに、中性もあるのですか？

8 数詞 ·· 42

数詞も性数変化しますか？

第2部　時制と法がもやもやする！

9 直説法現在規則活用 ··· 48

似ているようで違う…。どこに注意すればいいですか？

10 直説法現在不規則活用①(語幹母音変化動詞) ········· 52

語幹母音変化動詞って、何ですか？

11 直説法現在不規則活用②(その他) ························· 56

語幹母音変化動詞のほかに不規則活用をする動詞はありますか？

12 直説法点過去 ··· 60

点過去はどういう場合に使いますか？

13 直説法線過去 64

　線過去はどういう場合に使いますか？

14 点過去と線過去 68

　点過去と線過去の使い分けがわかりません。

15 過去分詞と完了 72

　完了というのが何を示すのかよくわかりません。

16 現在分詞と進行形 76

　現在分詞は過去分詞と違うのですか？

17 未来と過去未来 80

　未来の用法は大体わかるのですが、過去未来って何ですか？

18 命令法 84

　命令には、どのような形を使ってよいのかわかりません。

19 接続法現在の活用 88

　接続法現在と直説法現在の活用が似ているような気がしますが…。

20 接続法現在の用法 92

　接続法は、どんなときに使うのですか？

第3部　文の構造がもやもやする！

21 tener と hacer ………………………………………………… 98
動詞 tener と hacer にはいろいろな使い方があるようですが…。

22 ser と estar ………………………………………………… 102
「A＝B（AはBです）」と言いたいとき、
ser と estar のどちらを使ったらよいのかわかりません。

23 hay と estar ………………………………………………… 106
「～は（が）ある、いる」と言いたいとき、
hay と estar のどちらを使ってよいのかわかりません。

24 gustar 型動詞 ………………………………………………… 110
「私は～が好きです」という文では、主語は「私」ではないのですか？

25 再帰動詞 ………………………………………………… 114
再帰動詞って何？　やっぱりよくわからない。

26 再帰代名詞 se の用法 ………………………………………………… 118
Aquí no se puede fumar. の se は何ですか？

27 疑問詞 122
ホテルを予約しようとしたら、¿Para cuántas noches?
と聞かれました。「いくつの」はcuántoではないのですか？

28 関係詞 126
El señor que está sentado allí es mi jefe. という文の
構造がよくわかりません。

29 比較表現 130
比較表現にはどのようなものがありますか？

30 不定語と否定語 134
「誰も来ない」には、No viene nadie. と、
Nadie viene. の2つの言い方があるの？

練習問題の解答 138
スペイン語文法早わかりシート 144
直説法の時制のまとめ 158

第1部

性と数が もやもやする！

　物を表す名詞にも性があるというのは、日本人にとってはどうも納得できませんよね。でも実は、基本的なパターンを覚えてしまえば、名詞の性数はある程度想像できます。そして、その他の性数を表す品詞は、名詞に合わせて形を選択すると覚えてしまいましょう。

もやもや1 形容詞

形容詞が複数形になったり、名詞の前や後ろに置かれたりして、よくわかりません。

基本的に名詞の後ろに置きます。名詞の性数に合わせて形が変わります。形容詞によっては名詞の前に置かれるか後ろに置かれるかによって意味が変わることがあります。

キホンのルール

形容詞の男性単数形が-oで終わる場合、名詞の性数に合わせて4通りに形が変わります。

	男性	女性
単数	un chico alto (背の高い男性)	una chica alta (背の高い女性)
複数	unos chicos altos	unas chicas altas

形容詞の男性単数形が-o以外で終わる場合、名詞の数に合わせて2通りに形が変わります。

	男性	女性
単数	un chico inteligente (賢い男性)	una chica inteligente (賢い女性)
複数	unos chicos inteligentes	unas chicas inteligentes

ポイント1 形容詞の基本的な位置

一般的に形容詞は名詞の後ろに置かれます。

Andrés es un chico simpático.　アンドレスは感じが良い男性です。

Andrea es una chica simpática.　アンドレアは感じが良い女性です。

Andrea y Andrés son chicos simpáticos.
アンドレアとアンドレスは感じが良い人たちです。

名詞の前に置かれる形容詞

　mucho, poco, bueno, malo などがあります。

Tengo muchos amigos.　私にはたくさん友達がいます。

En la plaza hay mucha gente.　広場にはたくさんの人がいます。

Buenos días.　おはよう。

Buenas tardes.　こんにちは。

Buenas noches.　こんばんは。/おやすみなさい。

Hoy hace buen/mal tiempo.　今日は天気が良い/悪い。
＊bueno, malo は男性単数名詞の前で語尾の -o が落ちます。

意味が変わる形容詞

　名詞の前に置かれるか後ろに置かれるかで意味の変わる形容詞があります。

Él es un gran escritor.　彼は偉大な作家です。
Él es un señor grande.　彼は体の大きな男性です。
＊grande は単数名詞の前で -de が落ちます。

Pablo es un pobre niño.　パブロはかわいそうな男の子です。
Pablo es un niño pobre.　パブロは貧乏な男の子です。

Esta es mi nueva casa.　これが私の今度の家です。
Esta es mi casa nueva.　これは私の新築の家です。

練習問題

形容詞を適切な形にしてみよう。

❶ (Mucho　　　　　　) gracias.
どうもありがとう（たくさんの感謝を）。

❷ La Sra. García es una diputada (joven　　　　　　).
ガルシアさんは若い議員です。

❸ Este es mi coche (nuevo　　　　　　).
これは私の新車です。

❹ Marisol tiene los ojos (azul　　　　　　).
マリソルは青い瞳をしています。

❺ Sevilla es una ciudad (antiguo　　　　　　) y (hermoso　　　　　　).
セビリアは古くて美しい街です。

❻ ¡Que tengas un (bueno　　　　　　) viaje!
良い旅行を！

❼ Ellos son (grande　　　　　　) pintores.
彼らは偉大な画家です。

❽ Madrid es una ciudad (grande　　　　　　).
マドリードは大都市です。

> **すっきり**
>
> 　形容詞は、基本的に名詞の後ろに置きます。名詞の性数に合わせて形が変わります。形容詞によっては、名詞の前や後ろに置かれ、位置によって意味が変わることもあります。

> **+α　　形容詞の副詞的用法**
>
> 　形容詞は修飾する名詞・代名詞に性数一致し、動詞に対して副詞的な働きをすることがあります。
>
> **Inés** vivía **feliz** cuando era pequeña.
> イネスは子供のころ幸せに暮らしていた。
>
> **Inés y su familia** vivían **felices** en aquel entonces.
> イネスと家族は当時幸せに暮らしていた。
>
> **Os** veo muy **cansados**.
> 君たち、疲れているようだね。

もやもや 2 冠詞

スペイン語の冠詞にはどのようなものがありますか？

定冠詞と不定冠詞があります。それぞれ名詞の性数に合わせて4通りに変化します。定冠詞は既知の名詞、不定冠詞は未知の名詞の前に置かれます。

キホンのルール

	定冠詞 単数	定冠詞 複数	不定冠詞 単数	不定冠詞 複数
男性	el libro	los libros	un libro	unos libros
女性	la mesa	las mesas	una mesa	unas mesas

ポイント 1 定冠詞

話し手と聞き手の間で具体的に何を指しているかわかっている名詞につけます。世界に1つしか存在しない物や、日本語で「例の」という意味を表す場合に用います。

La tierra gira alrededor del sol.　地球は太陽の周りをまわる。

¿Hay un banco por aquí? –Sí, hay uno. (El banco) está a tres minutos a pie.
「この辺りに銀行はありますか？」「ええ、（1つ）ありますよ。銀行は歩いて3分のところにあります」

また、総称的に「～というもの」を表します。

El hombre es mortal.　人間は死ぬものだ。

Los seres humanos son mortales.　人間は死ぬものだ。

 ## 不定冠詞

初めて話題に上る名詞につけます。

Ayer conocí a una chica.　昨日ある女性と知り合った。

¿Me traes una revista?
私に（どれでもいいけど、1冊）雑誌を持ってきてくれますか？

複数形で、「いくつかの」という意味になります。
En el aula hay unos estudiantes.　教室には何人かの学生がいます。

数詞の前の不定冠詞は、「約、およそ」という意味を表します。
Ayer vinieron unas cincuenta personas a la fiesta de bienvenida.
昨日、歓迎会におよそ50人の人が来ました。

職業や国籍を表す名詞には冠詞はつけません。ただし、名詞が形容詞で修飾される場合は不定冠詞をつけます。

Carmen es estudiante.　カルメンは学生です。

Carmen es una estudiante aplicada.　カルメンは勤勉な学生です。

 ## delとal

前置詞de, aの後ろに定冠詞elがくるときは、del, alのように一語になります。

Estoy buscando la llave del coche.　私は車のキーを探しています。

Vamos al cine esta noche.　今夜、映画に行きましょう。

練習問題

冠詞か、必要ない場合は×を入れてみよう。

❶ Emilio es (　　　　　　　) médico trabajador.
エミリオは働き者の医者です。

❷ Se dice que (　　　　　　　) coches japoneses son de buena calidad.
日本車は性能が良いと言われています。

❸ Me costó (　　　　　　　) 150.000 yenes este ordenador.
このパソコンはおよそ15万円しました。

❹ (　　　　　　　) caso se ha solucionado.
例の件は解決した。

❺ Somos (　　　　　　　) abogados.
私たちは弁護士です。

❻ (　　　　　　　) sol se ha puesto.
日が落ちた。

❼ (　　　　　　　) vida es dura.
人生とはつらいものだ。

❽ En la nevera hay (　　　　　　　) cervezas.
冷蔵庫にビールが何本かあります。

> **すっきり**
> - 定冠詞は話し手と聞き手の間で具体的に何を指しているかわかっている名詞につけます。
> - 不定冠詞は、初めて話題に上る名詞につけます。
> - 前置詞a, deの後に定冠詞elがくると、del, alになります。

+α　女性単数名詞の前のel

　アクセントのあるa-, ha-で始まる女性名詞の単数形の前では、定冠詞laではなく、elが用いられます。

el aula （教室）　　el agua （水）

　名詞の繰り返しを避けるために、冠詞の後ろの名詞を省略することができます。

El vino francés es más caro que el (vino) español.
フランスワインはスペインワインより値が張る。

La maleta de María ha llegado sin problema pero la (maleta) de su marido no ha llegado.
マリアのスーツケースは無事に届いたが、彼女の夫のは届いていない。

もやもや 3 所有詞

所有を表す場合は、
どのような言い方をしますか？

所有形容詞（前置形、後置形）と所有代名詞を用いて表します。

キホンのルール

所有形容詞前置形

mi, mis	nuestro/nuestra, nuestros/nuestras
tu, tus	vuestro/vuestra, vuestros/vuestras
su, sus	su, sus

所有形容詞後置形

mío/mía, míos/mías	nuestro/nuestra, nuestros/nuestras
tuyo/tuya, tuyos/tuyas	vuestro/vuestra, vuestros/vuestras
suyo/suya, suyos/suyas	suyo/suya, suyos/suyas

所有形容詞前置形

名詞の前に置いて、「〜の」という所有を表します。名詞の性数に一致させます。定冠詞と同じように、名詞を限定します。

Mi padre es funcionario.
父は公務員です。

Nuestra madre es funcionaria.
私たちの母は公務員です。

Mis padres son funcionarios.
私の両親は公務員です。

所有形容詞後置形

　所有形容詞後置形は名詞の後ろに置いて、「〜の」を表します。名詞を限定する働きはないので、名詞の前に定冠詞や指示詞を置くことができます。名詞の性数に一致させます。

Un amigo mío vive en Italia para estudiar Arquitectura.
私の友人の1人は建築を勉強するためにイタリアに住んでいます。

Estos zapatos tuyos son bonitos. ¿Dónde los compraste?
この君の靴はすてきだね。どこで買ったの？

　また、「(主語)＋ser＋所有形容詞後置形」で、「〜のです」を表します。

Este paraguas es mío.
この傘は私のです。

Esta muñequita es nuestra. No es tuya, bonita.
この人形は私たちのよ。あなたのじゃないわ。

所有代名詞

　「定冠詞＋所有形容詞後置形」で、「〜の（物）」を表します。

el mío/la mía, los míos/las mías	el nuestro/la nuestra, los nuestros/las nuestras
el tuyo/la tuya, los tuyos/las tuyas	el vuestro/la vuestra, los vuestros/las vuestras
el suyo/la suya, los suyos/las suyas	el suyo/la suya, los suyos/las suyas

Este móvil es tuyo. ¿Sabes dónde está el mío?
この携帯電話は君のだね。僕の（携帯電話）がどこにあるか知っている？

Mi moto está averiada. ¿Me dejas la tuya?
私のバイク壊れているの。君の（バイク）を貸してくれる？

練習問題

かっこに所有形容詞、下線部に所有代名詞を入れてみよう。

❶ ¿Cómo se llama (　　　　　　) hermano mayor?
　君のお兄さんの名前は？

❷ (　　　　　　　　) abuelos nos alquilan este piso.
　私たちの祖父母が私たちにこの部屋を貸してくれています。

❸ (　　　　　　　　) pasaporte, por favor.
　（あなたの）パスポートをお願いします。

❹ Este coche nuevo es (　　　　　　).
　この新車は私たちのです。

❺ (　　　　　　) casa es de lujo pero _____ es sencilla.
　あなた方の家は立派ですが、私たちのは質素です。

❻ Estas son (　　　　　　) gafas. ¿Dónde están _____, Pascual?
　このメガネは僕のだよ。パスクアル、君のはどこ？

❼ No encuentro (　　　　　　) diccionario. Préstame _____.
　私の辞書が見つからないの。君のを貸して。

>>>すっきり<<<

- 所有形容詞前置形は、名詞の前に置いて、「〜の」を表し、名詞を限定します。
- 所有形容詞後置形は、名詞の後ろに置いて、「〜の」を表したり、serの後ろに置いて、「…は〜のです」を表します。
- 所有代名詞は、「定冠詞＋所有形容詞後置形」で、「〜の（もの）」を表します。

+α   **所有形容詞前置形のsu(s)**

3人称のsu, susには「彼（ら）の、彼女（ら）の、あなた（方）の」の6つの意味があるので、所有者をはっきりさせたいときには前置詞de ＋（代）名詞で表します。

Su impresora es lenta. = La impresora de ellos es lenta.
彼らのプリンターは遅い。

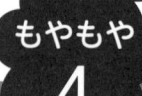

指示詞

「これ」や「この」がいろいろな形になるのは、なぜですか？

指示している名詞の性数に合わせて、形を変えるからです。代名詞や形容詞として用いられます。

キホンのルール

	これ（この）	それ（その）	あれ（その）
単数 （男性）	este	ese	aquel
（女性）	esta	esa	aquella
複数 （男性）	estos	esos	aquellos
（女性）	estas	esas	aquellas

指示形容詞「この、その、あの」

指示形容詞は、名詞の前に置きます。

Esta chica es mi prometida.
この女性は私のフィアンセです。

Estos días está agotada.
ここ数日彼女は疲れている。

Ese verano fuimos de viaje a Las Galápagos para ver iguanas.
その夏、私たちはイグアナを見にガラパゴス諸島に旅行に行った。

En **aquella** época nos llevábamos muy bien.
あのころ私たちはとてもうまくいっていた。

 ## 指示代名詞「これ、それ、あれ」

　名詞の繰り返しを避けるために、「指示形容詞＋名詞」の「この〜」を指示代名詞「これ」で表します。

Ese edificio es de la Facultad de Derecho y **aquel** es de la Facultad de Medicina.
その建物は法学部棟で、あれは医学部棟です。

A mí no me gustan **estas blusas**. Enséñame **aquellas**, por favor.
私はこれらのブラウスは気に入りません。あれ（ら）を見せてください。

 ## 指示代名詞の中性形

　指示代名詞には中性形esto, eso, aquelloがあります。未知のものについて尋ねたり、抽象的な事柄を指すときに使います。

¿Qué es **esto**? −(Esto) es una caja de música.
「これ何？」「オルゴールだよ」

A mi hijo le salió muy mal el examen de ayer. **Eso** me fastidió.
息子は試験がうまくいかなかった。そのことが私は不快になった。

練習問題

A 指示詞を入れてみよう。

❶ ¿Qué es (　　　　　　　　)? –Es la Torre de Tokio.
「あれは何ですか？」「東京タワーです」

❷ ¿Puedes pasarme (　　　　　　　　) carpeta, por favor?
そのファイルを取ってくれますか？

❸ ¿Quiénes son (　　　　　　　　) chicos? –Son mis colegas Felipe y Paco.
「あの人たち誰ですか？」「私の同僚のフェリペとパコです」

❹ Hoy hace mal tiempo. Por (　　　　　　　　) me quedo en casa. No voy a salir.
今日は天気が悪いから、家にいます。外出しません。

B 指示詞が指しているものを選んでみよう。

例：Dáme esos.　　　　　　　[(libros), carpetas, revista, bolígrafo]

❺ Aquellas me gustan más.　　[vaqueros, camisetas, falda, zapatos]

❻ Déjanos ese.　　　　　　　[lápiz, goma, agenda, apuntes]

❼ Esta es para ti.　　　　　　[flores, carta, paraguas, café]

\\すっきり//

- 指示詞は、指す名詞の性数に合わせて形を変えます。代名詞や形容詞として用いられます。
- 指示代名詞には、中性形esto, eso, aquelloがあります。

+α　話し手からの距離を表す副詞 aquí, ahí, allí

話し手から最も近い場所を示すaquí（ここ）、遠く離れた場所を示すallí（あそこ）、その中間を示すahí（そこ）があります。

Ven aquí.　こちらへ来なさい。
Vamos allí.　あちらへ行きましょう。

acáとalláは、それぞれ「こちら」「あちら」を表し、aquí, allíよりも広い範囲を示します。
Ven acá.　こちらの方へ来なさい。

> **もやもや 5** 主格人称代名詞と前置詞格人称代名詞
>
> 主格人称代名詞と前置詞格人称代名詞は同じ形ですか？

1人称単数と2人称単数では形が異なります。また、一般的に、主格人称代名詞は、人間を指し、物や事柄を指すことはありません。

キホンのルール

1人称単数と2人称単数以外は、主格人称代名詞と前置詞格人称代名詞の形は同じです。

主格人称代名詞

	単数	複数
1人称	yo	nosotros/nosotras
2人称	tú	vosotros/vosotras
3人称	él/ella, usted	ellos/ellas, ustedes

＊3人称の代名詞が、物や事柄を指すことはありません。

前置詞格人称代名詞

	単数	複数
1人称	mí	nosotros/nosotras
2人称	ti	vosotros/vosotras
3人称	él/ella, usted	ellos/ellas, ustedes

ポイント1　主格人称代名詞の省略

動詞の活用から主語がわかるので、主格人称代名詞は、よく省略されます。

Soy estudiante.
私は学生です。

María es mexicana. Pero ahora trabaja en Barcelona.
マリアはメキシコ人ですが、今はバルセロナで働いています。

 **主格人称代名詞を用いる場合**

　主語を強調したり、はっきりさせる場合には、主格人称代名詞を用います。usted と ustedes は敬称なので、あまり省略されることはありません。

¡Tú lo hiciste! –No. Lo hizo Javier.
「お前がやったんだろう」「違うよ。ハビエルがやったんだよ」

En mi clase hay dos estudiantes extranjeros, Miguel y Elena. Él es peruano y ella es cubana.
私のクラスにはミゲルとエレナという2人の外国人学生がいます。彼はペルー人で彼女はキューバ人です。

¿Es usted el señor Castro?
あなたはカストロさんですか？

 **前置詞格代名詞の mí と ti**

　前置詞 salvo, excepto, entre の後ろには、mí と ti ではなく、主格人称代名詞の yo と tú を用います。

Entre tú y yo no hay ningún secreto.
君と僕の間には秘密は何もないよ。

　前置詞 con とともに用いる場合は、conmigo, contigo のように一語で表します。

¿Vienes conmigo? –Sí, voy contigo.
「私と一緒に来る？」「うん、君と一緒に行くよ」

練習問題

かっこ内に適切な語を、省略しなければならない場合は×を入れてみよう。

❶ ¿Cuántos son (　　　　　　　)? –Somos cinco.
「(あなた方は) 何名様ですか？」「5名です」

❷ Ayer compré un ordenador. (　　　　　　　) es de última generación.
昨日パソコン買ったんだ。最新モデルだよ。

❸ Todos aprobaron salvo (　　　　　　　).
私以外は皆合格した。

❹ Siempre estamos (　　　　　　　).
私たちはいつも君と一緒だよ。

❺ Aquellos chicos son mis compañeros de piso. (　　　　　　　) es Antonio y (　　　　　　　) es Pilar.
あの人たちは私のルームメイトで、彼はアントニオ、彼女はピラールです。

❻ Siempre me pregunto a (　　　　　　　) mismo.
私は常に自問自答する。

❼ Llévate el paraguas (　　　　　　　).
傘を持って行きなさい。

❽ ¿Te gusta el chocolate? –Sí, me gusta mucho (　　　　　　　).
「君はチョコレート好き？」「うん、大好き」

❾ Vamos a visitar la Catedral de Granada. En (　　　　　　　) está la tumba de los Reyes Católicos Isabel y Fernando.
グラナダ大聖堂へ行きましょう。そこには、カトリック両王イサベルとフェルナンドの墓所があります。

❿ (　　　　　　　), pan y cebolla.
あなたがいてくれれば貧しい生活でも耐えられるわ。(君と一緒ならパンと玉ねぎだけでよい)

すっきり

- 主格人称代名詞と前置詞人称代名詞は1人称単数と2人称単数以外は同形です。
- 主格人称代名詞はしばしば省略されますが、主語を強調したり、はっきりさせる場合には用いられます。
- 1人称単数と2人称単数が前置詞の後ろにくる場合、mí, tiとなり、前置詞conとともに用いられる場合は、conmigo, contigoと一語で表します。salvo, excepto, entreとともに用いられる場合は主格人称代名詞を使います。

+α 前置詞格人称代名詞のsí

再帰代名詞3人称seの前置詞格人称代名詞は、síです。前置詞conとともに用いる場合は、consigoと一語で表します。再帰代名詞の前置詞格人称代名詞は以下の通りです。

	単数	複数
1人称	mí	nosotros/nosotras
2人称	ti	vosotros/vosotras
3人称	sí	

Juan nunca habla de sí mismo.
フアンは自分自身のことについては決して話しません。

José se enfadó consigo mismo.
ホセは自分自身に腹を立てた。

もやもや 6 目的格人称代名詞

目的格人称代名詞がたくさんあって、よくわかりません。

直接目的格人称代名詞「～を」と間接目的格人称代名詞「～に／から」の2種類があります。1人称と2人称は同じ形ですが、3人称だけは、形が異なります。

キホンのルール

単数		複数	
直接目的格人称代名詞	間接目的格人称代名詞	直接目的格人称代名詞	間接目的格人称代名詞
me		nos	
te		os	
lo, la	le	los, las	les

目的格人称代名詞は、活用した動詞の前に置きます。

¿Me esperas? −Sí, te espero. Comemos juntos.
「私を待っていてくれる？」「うん、君を待っているよ。一緒にお昼を食べよう」

ポイント 1 語順

「間接目的格人称代名詞（～に／から）＋直接目的格人称代名詞（～を）」

¿Me dejas tu coche? −Sí, te lo dejo.
「君の車を私に貸してくれる？」「うん、（君に）（それ［＝車］を）貸してあげるよ」

¡Qué rosas tan bonitas! −Me las ha regalado mi novio.
「なんてきれいなバラなの！」「彼氏が（私に）（それら［＝バラ］）をプレゼントしてくれたの」

ポイント2 間接目的格人称代名詞と直接目的格人称代名詞が両方とも3人称の場合

間接目的格人称代名詞のle, lesはseになります。

¿Cuándo entregas el trabajo a tu jefe? –Se lo entrego pasado mañana.
「いつ、上司に報告書を提出するの？」「明後日（彼に）（それを）提出します」

¿Enseñaste estas fotos a tus padres? –¡Qué va! No se las enseñé.
「これらの写真をご両親に見せたの？」「まさか！（彼らに）（それらを）見せなかったよ」

ポイント3 目的格人称代名詞の重複

目的格人称代名詞が使用された文では、それと同じ人を指す前置詞a＋名詞・代名詞が重複して用いられることがあります。

Nunca te miento a ti.
僕は決して君には嘘をつかないよ。

¿Le das este libro a Ángela? –Sí, se lo doy (a Ángela).
「この本をアンヘラにあげるの？」「うん、あげるよ」

ポイント4 直接目的格人称代名詞のle

直接目的格人称代名詞3人称男性単数形は、人を表す場合のみleが使われることがあります。

¿Has visto a Felipe VI? –Sí, le/lo he visto una vez de lejos.
「フェリペ6世に会ったことある？」「うん、一度、遠くから見掛けたよ」

練習問題

適切な目的格人称代名詞を入れてみよう。

❶ ¿Conoces a Carmen?　–Sí, (　　　　　　) conozco.
「カルメンを知っている？」「うん、知っているよ」

❷ ¿(　　　　　　) das tu dirección de email?　–Sí, claro.
「君の住所を僕に教えてくれる？」「もちろん」

❸ Señores Gallego, (　　　　　　) invitamos a ustedes a la cena.
ガジェゴさん、あなた方ご夫妻を夕食にお招きします。

❹ Jorge, (　　　　　　) presento a mis padres.
ホルヘ、君に両親を紹介するよ。

❺ ¿Cuándo (　　　　　　) llamas?
–Esta noche (　　　　　　) llamo sin falta.
「いつ私に電話してくれる？」「今夜絶対君に電話するよ」

❻ Mañana llegará mi prima Ana de Madrid. (　　　　　　) iré a buscar al aeropuerto.
明日、いとこのアナがマドリードから来るの。彼女を空港に迎えに行くわ。

❼ ¿(　　　　　　) acompañas al hospital?
–Sí, (　　　　　　) acompaño.
「病院についてきてくれる？」「うん、一緒に行ってあげるよ」

❽ ¿(　　　　　　) oyes?　–No, no (　　　　　　) oigo bien.
「僕の声が聞こえている？」「ううん、よく聞こえないよ」

> **すっきり**
>
> 直接目的格人称代名詞と間接目的格人称代名詞は、3人称の形のみが異なります。語順や重複などに注意しましょう。

+α 目的格人称代名詞の位置

　目的格人称代名詞は活用した動詞の前に置きますが、不定詞や現在分詞の場合は後ろに接続させ一語で表すこともできます。また、肯定命令の場合は、必ず動詞の後ろに接続させ、一語で表さなければなりません。

Voy a llamarte esta noche. (=Te voy a llamar esta noche.)
今夜君に電話するよ。

Estos pendientes te quedan muy bien. Voy a comprártelos.
(= Te los voy a comprar.)
このピアス、君にとてもよく似合うよ。買ってあげる。
＊アクセントが不定詞にくるように、必要に応じてアクセント符号をつけます。

Estoy escuchándote.(= Te estoy escuchando.)
君の話を聞いているよ。

Llámame.　私に電話して。

もやもや 7 中性の定冠詞、中性の代名詞

男性と女性のほかに、中性もあるのですか？

名詞には中性名詞はありませんが、定冠詞と代名詞には中性があります。

キホンのルール

中性の定冠詞	lo
中性の目的格人称代名詞	lo
中性の主格人称代名詞および前置詞格人称代名詞	ello
中性の指示代名詞	esto, eso, aquello (「4.指示詞」参照)

ポイント1　定冠詞 lo

「lo ＋形容詞、過去分詞、副詞」などは、「～なこと」という抽象的な事柄を表します。

Lo barato sale caro.　安物買いの銭失い。

Haré todo lo posible.　私はベストを尽くすつもりです。

Siento mucho lo de ayer.　昨日のことは本当に残念です。

ポイント2 目的格人称代名詞 lo

すでに話題に上った事柄を指します。

¿Sabes dónde vive ella? –No, no lo sé.
「彼女がどこに住んでるか知ってる？」「ううん、(そのことを) 知りません」

ポイント3 代名詞 ello

主格人称代名詞および前置詞格人称代名詞として用いられ、すでに話題に上った事柄を表します。

Estamos en ello.
私たちはそれをやっているところです。
＊口語では、elloの代わりにesoが多く用いられます。

ポイント4 lo que（中性の定冠詞＋関係詞que）

「〜なこと」という抽象的な事柄を表す関係代名詞として用いられます。

No entiendo lo que me dices.
君が言っていることがわからないよ。

また、前の文全体を先行詞として、「そのこと（が）」を表す関係代名詞として用いられます。

Adrián se suicidó, lo que me sorprendió mucho.
アドリアンが自殺しました。そのことに私はとても驚きました。

練習問題

中性の定冠詞か代名詞を入れてみよう。

❶ María se fue a su país.　–Ah, no (　　　　　　) sabía.
「マリアは故郷に帰ったのよ」「ああ、私、それは知らなかったわ」

❷ Haz todo (　　　　　　) que te digan tus padres.
両親に言われたことをすべてやりなさい。

❸ ¿(　　　　　　) es verdad?　–Sí, es verdad.
「そのことは本当なの？」「うん、本当だよ」

❹ Por (　　　　　　) no miento nunca.
（それ）だから、僕は絶対に嘘をつかないのさ。

❺ Mi mejor amiga tuvo una niña, (　　　　　　) que me agradó mucho.
親友が女の子を生みました。そのことに私はとても喜びました。

❻ (　　　　　　) más importante es vivir feliz.
最も大切なことは幸せに生きることだ。

❼ (　　　　　　) nuestro fue un error.
私たちのことは間違えだった。

❽ ¿Puedes contarme (　　　　　　) que te pasó en Navidad?
クリスマスに君に起こったことを話してくれる？

> **すっきり**
>
> 定冠詞と代名詞には、抽象的な事柄や、すでに話題に上った事柄を指す中性形があります。

+α 主格補語として用いられる中性の代名詞 lo

serやestarなどの動詞の補語として、既出の形容詞や名詞の代わりに用いられます。

¿Estáis cansados? –Sí, lo estamos.
「君たち疲れている？」「うん、そうなんだ」

¿Él es español? –No, no lo es.
「彼はスペイン人？」「いや、そうじゃないよ」

もやもや 8 数詞

数詞も性数変化しますか？

数字の1 (uno) と○百の百の形が変わります。例えば1ユーロはun euro, 1ポンドはuna libra、200ユーロはdoscientos euros、200ポンドはdoscientas librasとなります。

キホンのルール

0 cero 1 uno 2 dos 3 tres 4 cuatro 5 cinco 6 seis
7 siete 8 ocho 9 nueve 10 diez 11 once 12 doce
13 trece 14 catorce 15 quince 16 dieciséis 17 diecisiete
18 dieciocho 19 diecinueve 20 veinte
21 veintiuno 22 veintidós 23 veintitrés 24 veinticuatro
25 veinticinco 26 veintiséis 27 veintisiete 28 veintiocho
29 veintinueve 30 treinta
31 treinta y uno 32 treinta y dos 40 cuarenta 50 cincuenta
60 sesenta 70 setenta 80 ochenta 90 noventa 99 noventa y nueve

ポイント 1 3桁の数字

100 cien 101 ciento uno 102 ciento dos 110 ciento diez
200 doscientos 300 trescientos 400 cuatrocientos
500 quinientos 600 seiscientos 700 setecientos
800 ochocientos 900 novecientos
999 novecientos noventa y nueve

100にはcien、101以上にはciento を使います。

ポイント2　1000以上の数字

1000 mil　1.001 mil uno　1.234 mil doscientos treinta y cuatro
2.000 dos mil　10.000 diez mil　100.000 cien mil
500.000 quinientos mil
1.000.000 un millón　2.000.000 dos millones

　　milは複数形にはならず、1000のときにunをつけることもありません。
cinco mil（5000）　mil personas（1000人）

　　100万は複数形になり、100万のときにはunをつけます。また、すぐ後ろに名詞がくる場合、前置詞deが必要です。
un millón de yenes（100万円）　dos millones de yenes（200万円）

ポイント3　語形に注意する数詞

　　unoは男性名詞の前でun、女性名詞の前でunaになります。
un libro（1冊の本）　una revista（1冊の雑誌）
veintiún coches（21台の車）veintiuna casas（21軒の家）

　　200〜900台までの数字は、女性名詞の前で女性形になります。
doscientos dólares（200ドル）doscientas horas（200時間）

ポイント4　西暦の言い方

　　日本語と同じように普通の数字として読みます。
2016年　dos mil dieciséis

ポイント5　ピリオドとコンマ

　　スペインでは、3桁ごとの区切りにはピリオド、小数点にはコンマを使います。
1.234.567　un millón doscientos treinta y cuatro mil quinientos sesenta y siete

1,23 uno coma/con veintitré　もしくは、uno coma/con dos tres

練習問題

スペイン語で数字を言ってみよう。

❶ A mis niños les gusta la película *101 Dálmatas*.
　私の子供たちは映画『101匹わんちゃん』が大好きです。

_____

❷ Cervantes murió en 1616.
　セルバンテスは1616年に死んだ。

_____

❸ 0,574

_____

❹ Diego gana 35.000.000 de yenes al año.
　ディエゴは年に35,000,000円稼ぐ。

_____

❺ El viaje a Brasil me costó 650.000 yenes.
　ブラジル旅行は650,000円かかりました。

_____

❻ Tokio tiene unos 13.300.000 habitantes.
　東京の人口はおよそ1330万人です。

_____

❼ ¿Cuántos años tienes?　–Tengo 31 años.
　「君、いくつ？」「31歳です」

_____

❽ ¿Tienes hermanos?　–Sí, tengo 1 hermano menor y 1 hermana mayor.
　「君、兄弟いる？」「うん、弟が1人と姉が1人いるよ」

_____　_____

\\すっきり//

- unoは男性名詞の前でun、女性名詞の前でunaになります。
- 100にはcien、101以上にはciento を使います。
- 200～900台までの数字は、女性名詞の前で女性形になります。
- milは複数形にはならず、1000のときにunをつけることもありません。
- 100万は複数形になり、100万のときにはunをつけます。また、すぐ後ろに名詞がくる場合、前置詞deが必要です。

+α 序数

　序数は順序を表し、通常、第1から第10までに対して使います。第11以上は基数で代用することが多くなります。序数の表現には「数字＋º」がしばしば用いられます。

第1 primero(1º)　第2 segundo(2º)　第3 tercero(3º)　第4 cuarto(4º)
第5 quinto(5º)　第6 sexto(6º)　第7 séptimo(7º)　第8 octavo(8º)
第9 noveno(9º)　第10 décimo(10º)

　序数は形容詞で、性数変化をします。女性形の場合、数字を用いて表すときにはprimera 1ªのようにªを用います。ほとんどの場合、定冠詞がつきます。primero, terceroは男性単数名詞の前でprimer (1er), tercer (3er) となります。

el primer ministro　（首相）

Se venden zapatos en la tercera planta.
靴は4階で売っています。
＊スペインでは、1階をplanta bajaと言い、2階がprimera plantaとなります。

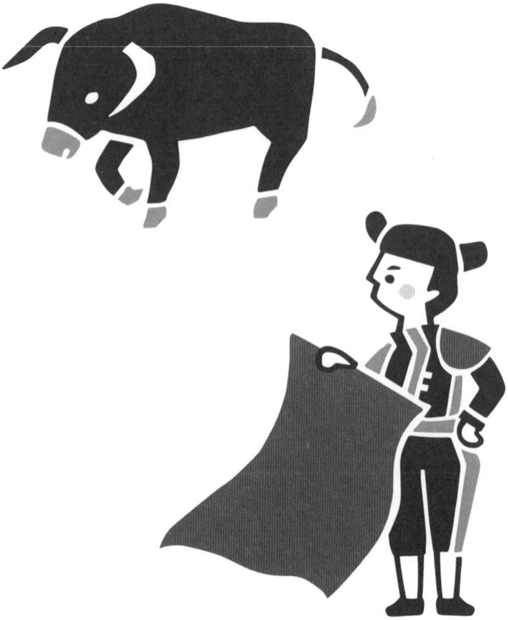

第2部

時制と法がもやもやする！

　スペイン語の学習で一番大変なのが動詞の活用かもしれません。いくら勉強しても不規則活用はあるし、いろいろな時制が出てきて、先が見えないと思うでしょう。でも、活用は慣れてしまえば大丈夫。皆さんが悩む2つの過去時制の使い分けも整理してみるとだんだんわかってきますよ。

もやもや9 直説法現在規則活用

似ているようで違う…。どこに注意すればいいですか？

スペイン語の動詞は、-ar動詞、-er動詞、-ir動詞の3タイプに分類され、そのタイプによって活用のパターンが決まります。まずはこの3タイプの活用をしっかり覚えましょう。

キホンのルール

	-ar動詞	-er動詞	-ir動詞
yo	-o		
tú	-as	-es	
usted, él/ella	-a	-e	
nosotros/nosotras	-amos	-emos	-imos
vosotros/vosotras	-áis	-éis	-ís
ustedes, ellos/ellas	-an	-en	

hablar: hablo, hablas, habla, hablamos, habláis, hablan
comer: como, comes, come, comemos, coméis, comen
vivir: vivo, vives, vive, vivimos, vivís, viven

直説法現在の用法①

現在継続している状態や行為を表します。

Ahora escribo una carta a mi abuela.
今、私は祖母に手紙を書いています。

María lleva gafas.
マリアは眼鏡を掛けています。

直説法現在の用法②

現在の習慣や繰り返し行われている行為を表します。

Manuel practica kárate todos los días.
マヌエルは毎日空手の練習をしています。

Los bancos abren a las ocho y media.
銀行は8時半に開きます。

直説法現在の用法③

確実であろう未来の行為や出来事を表します。

Mañana debemos trabajar a partir de las siete de la mañana.
明日、私たちは午前7時から働かなければならない。

El próximo sábado cenamos en un restaurante japonés.
来週土曜日、私たちは日本食レストランで夕食を食べます。

練習問題

正しい動詞を選んで、適切な形にしてみよう。
[comer, comprar, estudiar, hablar, trabajar, vivir]

❶ ¿(   ) o (   )?
   –(   ) Filosofía en una universidad católica.
   「君は勉強しているの？　それとも働いているの？（君は学生さん、それとも社会人？）」
   「カトリックの大学で哲学を勉強しています」

❷ ¿Dónde (   )?　–(   ) cerca, a 10 minutos andando.
   「君たち、どこに住んでいるの？」「すぐ近くに住んでいるよ。歩いて10分」

❸ ¿Qué lenguas (   ) usted?
   –(   ) árabe, francés, ruso e inglés.
   「あなたは何語を話しますか？」「アラビア語、フランス語、ロシア語と英語です」

❹ ¿Dónde (   ) tus vecinos la fruta?
   –La (   ) en el mercado.
   「君のご近所さんたちはどこで果物を買うの？」「市場で買っているよ」

❺ ¿(   ) pescado crudo?　–No, no (   ).
   「君たちは生の魚を食べますか？」「いいえ、食べません」

すっきり

- -ar動詞の活用：-o, -as, -a, -amos, -áis, -an
  -er動詞の活用：-o, -es, -e, -emos, -éis, -en
  -ir動詞の活用：-o, -es, -e, -imos, -ís, -en
  -er動詞と-ir動詞の活用語尾で、異なるのは、nosotros/nosotras, vosotros/vosotrasが主語のときのみです。
- 直説法現在は、現在継続中の状態や行為、習慣や繰り返し行われている行為、確実と思われる未来の行為や出来事を表します。

+α 歴史的現在や永遠の真理を表す直説法現在

Colón descubre América en 1492.
コロンブスは1492年にアメリカを発見する。

La Tierra gira alrededor del Sol.　地球は太陽の周りを回る。

A quien le madruga Dios le ayuda.　早起きは三文の得。

もやもや10 直説法現在不規則活用①（語幹母音変化動詞）

語幹母音変化動詞って、何ですか？

規則活用では変わらない語幹の母音が変化する動詞です。e→ie, o→ue, e→iの3種類があります。

キホンのルール

活用したときにアクセントが置かれる母音が変わります。例えば、empezarの場合、語幹はempez-です。活用したときにアクセントがくるのは、語幹の最後の母音eなので、このeがieに変化します。

	e→ie	o→ue	e→i
	empezar	poder	repetir
yo	emp**ie**zo	p**ue**do	rep**i**to
tú	emp**ie**zas	p**ue**des	rep**i**tes
usted, él/ella	emp**ie**za	p**ue**de	rep**i**te
nosotros/nosotras	empezamos	podemos	repetimos
vosotros/vosotras	empezáis	podéis	repetís
ustedes, ellos/ellas	emp**ie**zan	p**ue**den	rep**i**ten

ポイント1　e→ie になる動詞

-ar 動詞 ： apretar, cerrar, comenzar, negar, nevar*, pensar, recomendar...
-er 動詞 ： entender, perder, querer, tender...
-ir 動詞 ： sentir, preferir, divertir, mentir...

＊nevar は天候を表す動詞で、常に3人称単数に活用します。

ポイント2　o→ue になる動詞

-ar 動詞 ： contar, encontrar, rogar, forzar, costar...
-er 動詞 ： mover, volver, doler, llover*, soler...
-ir 動詞 ： dormir, morir...

＊llover は天候を表す動詞で、常に3人称単数に活用します。

ポイント3　e→i になる動詞

-ir 動詞のみ ： pedir, servir, seguir...

ポイント4　u→ue になる動詞

jugar のみ ： juego, juegas, juega, jugamos, jugáis, juegan

練習問題

動詞を活用させ、訳してみよう。

❶ ¿Tú me (querer   )? –Sí, te (querer   ).

❷ El concierto (empezar   ) a las siete.

❸ ¿Cuándo me (devolver, tú   ) el DVD?
　–Te lo (devolver   ) mañana.

❹ Esta impresora no (servir   ). Está estropeada.

❺ Nosotros (preferir   ) la montaña a la playa.

❻ ¿(Poder, tú   ) cerrar la ventana? –Sí, claro.

❼ Te (pedir, yo   ) un favor.

すっきり

　語幹母音変化動詞には、e→ie, o→ue, e→iの3種類があります。その動詞が語幹母音変化動詞なのか、また、どの種類の変化をするのかは辞書で確認しましょう。

　語幹母音が変化するのは、アクセントのある個所です。例えば、preferirの場合、アクセントは2つ目のeにくるので、prefiero, prefieres...となります。主語がnosotros, vosotrosのときは、活用語尾にアクセントがくるので、語幹母音は変化しません。

+α　つづりに注意する動詞

1. reír：iにアクセント符号がつきます。
   río, ríes, ríe, reímos, reís, ríen
   ほかには freír など。

2. oler：語頭のoが語幹母音変化をする場合、hueとなります。
   huelo, hueles, huele, olemos, oléis, huelen

3. 1人称単数で、つづりが変わる動詞
   seguir → sigo, corregir → corrijo, elegir → elijo

   *規則活用の動詞でも、同じようにつづりが変わるものがあります。
   coger → **cojo**, coges, coge...

もやもや 11 直説法現在不規則活用②（その他）

語幹母音変化動詞のほかに不規則活用をする動詞はありますか？

主語が1人称単数のときだけ不規則な形になる動詞、主語が1人称単数の時に不規則になり、さらに語幹母音変化をする動詞、その他の不規則活用をする動詞があります。

キホンのルール

①1人称単数が不規則な動詞	②1人称単数が不規則＋語幹母音変化	③その他の動詞
hacer	tener	ir
hago	tengo	voy
haces	tienes	vas
hace	tiene	va
hacemos	tenemos	vamos
hacéis	tenéis	vais
hacen	tienen	van

ポイント1　1人称単数が不規則な動詞

3種類あります。

① -go型： poner (pongo), salir (salgo), traer (traigo), caer (caigo)

¿Sales esta noche? –No, no salgo.
「今夜出掛ける？」「いいえ、出掛けません」

② -zco型： conocer (conozco), conducir (conduzco), traducir (traduzco), agradecer (agradezco), parecer (parezco)

¿Conoces al Sr. González? –Sí, lo conozco.
「ゴンサレス氏を知っていますか？」「はい、知っています」

③ その他： dar (doy), ver (veo), saber (sé), caber (quepo)

¿Sabes dónde vive Alfonso? –No, no lo sé.
「アルフォンソがどこに住んでいるか、知っている？」
「ううん、知らない」

ポイント2　1人称単数が不規則＋語幹母音変化

venir: vengo, vienes, viene, venimos, venís, vienen

decir: digo, dices, dice, decimos, decís, dicen

¿De dónde vienes? –Vengo del trabajo.
「どこから来たの？」「仕事場からだよ」

ポイント3　その他

oír: oigo, oyes, oye, oímos, oís, oyen

ser: soy, eres, es, somos, sois, son

estar: estoy, estás, está, estamos, estáis, están

haber: he, has, ha (hay*), hemos, habéis, han

＊hayは「〜がある、いる」という存在を表すときに使う形です。（「23. hayとestar」参照）

練習問題

動詞を活用させ、訳してみよう。

❶ ¿Adónde (ir, tú   ) esta tarde?
　–(Ir   ) al centro comercial.

❷ (電話で) ¿Me (oír, tú   )? –No, no te (oír   ) bien.

❸ ¿Qué (hacer, tú   ) mañana?
　–(Dar   ) un paseo en coche con mi novia.

❹ ¿(Ver, tú   ) el partido de hoy?
　–No, no lo (ver   ). No me interesa.

❺ ¿Me (traer   ) usted la carta, por favor?
　–Ahora se la (traer   ).

❻ ¿(Conocer, vosotros   ) España?
　–Sí, la (conocer   ).

❼ ¿Cómo (venir, tú   ) a la oficina?
　–(Venir   ) en bicicleta.

> **すっきり**
>
> 現在形の不規則活用をする動詞には、語幹母音変化動詞のほかに、
> ①主語が１人称単数のときだけ不規則な形になる動詞、
> ②主語が１人称単数のときに不規則になり、さらに語幹母音変化をする動詞、
> ③その他の不規則活用をする動詞、
> 　の３つのタイプがあります。

+α　その他の注意する動詞

１．アクセント符号がつく動詞

enviar: envío, envías, envía, enviamos, enviáis, envían
continuar: continúo, continúas, continúa, continuamos, continuáis, continúan
その他：confiar, actuar...

２．yを挿入する動詞

incluir: incluyo, incluyes, incluye, incluimos, incluís, incluyen
huir: huyo, huyes, huye, huimos, huís, huyen
その他：atribuir, contribuir, construir, obstruir...

もやもや12 直説法点過去

点過去はどういう場合に使いますか？

スペイン語には点過去と線過去という２種類の過去があります。点過去（「〜した」）は、過去の出来事をすでに終わったこととして表す過去です。

キホンのルール

規則活用

	-ar動詞	-er動詞	-ir動詞
yo	-é	-í	
tú	-aste	-iste	
usted, él/ella	-ó	-ió	
nosotros/nosotras	-amos	-imos	
vosotros/vosotras	-asteis	-isteis	
ustedes, ellos/ellas	-aron	-ieron	

hablar: hablé, hablaste, habló, hablamos, hablasteis, hablaron
comer: comí, comiste, comió, comimos, comisteis, comieron
vivir: viví, viviste, vivió, vivimos, vivisteis, vivieron

ポイント1 不規則活用1

語幹の形が変わる動詞

	estar	poder	venir
語幹	estuv-	pud-	vin-
yo	estuve	pude	vine
tú	estuviste	pudiste	viniste
usted, él/ella	estuvo	pudo	vino
nosotros/nosotras	estuvimos	pudimos	vinimos
vosotros/vosotras	estuvisteis	pudisteis	vinisteis
ustedes, ellos/ellas	estuvieron	pudieron	vinieron

このタイプの活用をする動詞と語幹
tener→tuv- (tuve)　saber→sup- (supe)　poner→pus- (puse)　querer→quis-(quise)
hacer→hic- (hice, hiciste, hizo*, hicimos, hicisteis, hicieron) *つづり字に注意。

ポイント2　不規則活用2

	decir	traer	conducir
語幹	dij-	traj-	conduj-
yo	dije	traje	conduje
tú	dijiste	trajiste	condujiste
usted, él/ella	dijo	trajo	condujo
nosotros/nosotras	dijimos	trajimos	condujimos
vosotros/vosotras	dijisteis	trajisteis	condujisteis
ustedes, ellos/ellas	dijeron	trajeron	condujeron

このタイプの活用をする動詞と語幹
traducir→traduj- (traduje, tradujiste, tradujo...)

ポイント3　不規則活用3

語幹母音変化動詞（-ir動詞のみ）3人称単数と複数で、語幹のeがi、oがuに変わります。

	seguir	sentir	dormir
yo	seguí	sentí	dormí
tú	seguiste	sentiste	dormiste
usted, él/ella	siguió	sintió	durmió
nosotros/nosotras	seguimos	sentimos	dormimos
vosotros/vosotras	seguisteis	sentisteis	dormisteis
ustedes, ellos/ellas	siguieron	sintieron	durmieron

ポイント4　その他

dar: di, diste, dio, dimos, disteis, dieron
ser: fui, fuiste, fue, fuimos, fuisteis, fueron
ir:　 fui, fuiste, fue, fuimos, fuisteis, fueron
＊serとirの活用は同じです。

練習問題

動詞を点過去に活用させ、訳してみよう。

❶ ¿A dónde (ir, vosotros   ) el sábado pasado?
 −(Ir   ) de excursión a Toledo.

❷ ¿Qué tal (ser   ) el viaje a París? −Así, así.

❸ Ayer (tener, nosotros   ) que trabajar hasta muy tarde.

❹ ¿A qué hora (acostarse, tú   ) anoche?
 −(acostarse   ) muy temprano.

❺ ¿(Dormir, tú   ) bien anche ? −Sí, muy bien.

❻ El invierno pasado (hacer   ) mucho frío y
 (nevar   ) muchísimo.

❼ Mi hermano (vivir   ) cinco años en México.
 Luego (trasladarse   ) a Estados Unidos.

❽ ¿Qué te (traer   ) los Reyes Magos el año pasado?
 −Me (traer   ) una bici.

> **すっきり**
>
> 　点過去は、過去の出来事をすでに終わったこととして表します(「〜した」)。

+α　つづりに注意する動詞

1. -gar, -car, -zarで終わる動詞は、1人称単数の形に注意しましょう。
   llegar: lle**gué**, llegaste, llegó...
   buscar: bus**qué**, buscaste, buscó...
   mpezar: empe**cé**, empezaste, empezó...

2. 母音＋-er, -irは、母音間のiがyに変化します(3人称単数・複数)。
   また、アクセント符号にも注意しましょう。
   leer: leí, leíste, le**y**ó, leímos, leísteis, le**y**eron
   oír: oí, oíste, o**y**ó, oímos, oísteis, o**y**eron

3. verの活用にはアクセント符号がつきません。
   vi, viste, vio, vimos, visteis, vieron

もやもや13 直説法線過去

線過去はどういう場合に使いますか？

線過去（「〜していた」）は、過去における継続的な行為や状態、繰り返し行われた行為を表します。状況を描写するときなどに用います。

キホンのルール

規則活用

	-ar動詞	-er動詞	-ir動詞
yo	-aba	-ía	
tú	-abas	-ías	
usted, él/ella	-aba	-ía	
nosotros/nosotras	-ábamos	-íamos	
vosotros/vosotras	-abais	-íais	
ustedes, ellos/ellas	-aban	-ían	

hablar: hablaba, hablabas, hablaba, hablábamos, hablabais, hablaban
comer: comía, comías, comía, comíamos, comíais, comían
vivir: vivía, vivías, vivía, vivíamos, vivíais, vivían

不規則活用は次の3つの動詞のみです。
ir: iba, ibas, iba, íbamos, ibais, iban
ser: era, eras, era, éramos, erais, eran
ver: veía, veías, veía, veíamos, veíais, veían

ポイント1 状況説明

話者が過去の出来事の中に入り、その出来事を描写します。

Cuando era joven, salía todos los días para tomar copas, ligaba con chicas y gastaba mucho dinero.
若いころ、僕は毎晩飲みに出掛け、女の子たちをナンパして、ずいぶんお金を使ったものだ。

ポイント2 やわらかな表現

口語では、動詞quererとdesearが多く用いられます。

¿Qué deseaba usted?
何にいたしましょうか？（お店で）

Quería pedirte un favor.
あなたに1つお願いしたいことがあるのですが。

ポイント3 時制の一致

主動詞が過去時制の場合、従属節が（主動詞の）過去から見た未来、その時に継続していた行為や状態、あるいは習慣的な行為を表す場合、動詞は線過去になります。

El médico me dice que no debo fumar.
医者は私にたばこを吸ってはいけないと言っている。（現在）

El médico me dijo/decía que no debía fumar.
医者は私にたばこを吸ってはいけないと言いました／言っていました。（過去）

練習問題

動詞を線過去に活用させ、訳してみよう。

❶ ¿Dónde (vivir, tú　　　　　　　) cuando (ser　　　　　　　) niño?
　-(Vivir　　　　　　　) en un pueblo cerca de Vigo.

___

❷ ¿Dónde (estar, tú　　　　　　　　　) en ese momento?
　-(Estar　　　　　　　) en casa.
　-¿Qué (hacer　　　　　　　)?
　-(Estar　　　　　　　) durmiendo la siesta.

___

❸ De pequeños, nos (gustar　　　　　　　　　) jugar al escondite.

___

❹ (Querer, yo　　　　　　　) hablar con el director.

___

❺ Alberto (decir　　　　　　　) que (ir　　　　　　　) a buscar a Isabel al aeropuerto.

___

❻ (Creer, nosotros　　　　　　　) que tú
　(ser　　　　　　　) buena persona.

___

> **すっきり**
> 線過去は、過去の状況説明、婉曲表現、時制の一致などで用いられます。

+α 点過去と線過去で意味やニュアンスが変わる動詞

haber
　線過去では「〜があった」、点過去では「〜が起こった」を表します。
Aquí había un hotel hace mucho tiempo.
ずいぶん昔、ここにはホテルがあった。
Ayer hubo un accidente de tráfico en la M30.
昨日、M30号線で事故があった。

deberとtener que
Debí ir al médico.
私は医者に行くべきだった。（実際には行かなかった）
Debía ir al médico.
私は医者に行くべきだった。（実際に行ったかどうかは不明）
Tuve que ir al médico.
私は医者に行かなければならなかった。（実際に行った）
Tenía que ir al médico.
私は医者に行かなければならなかった。（実際に行ったかどうかは不明）

もやもや 14　点過去と線過去

点過去と線過去の使い分けがわかりません。

　過去の出来事をすでに終わったこととして外から目線で表すのが点過去、過去の出来事の中に入りこんで中から目線で表すのが線過去です。

Ayer **corrí** 10 kilómetros. 昨日私は10キロ走った。←外から目線
Mientras **corría,** ocurrió el terremoto. 昨日私が走っていたら、地震が起きた。←中から目線

キホンのルール

点過去

Cuando subí las escaleras, me encontré un billete de diez mil yenes.
私が階段を上り切った時、1万円札を見つけた。

線過去

Cuando subía las escaleras, me encontré un billete de diez mil yenes.
私が階段を上っている途中で、1万円札を見つけた。

ポイント1 点過去の用法

　過去の出来事を、「終わったこと」としてコンパクトに表します。

Viví cinco años en Venezuela.
私は5年間ベネズエラに住んでいました。

Cervantes nació en 1547 y murió en 1616.
セルバンテスは1547年に生まれ、1616年に亡くなった。

ポイント2 線過去の用法

　過去の出来事を、その中に視点を置くことにより広がりをもって表します。

①動作の継続

Mientras veíamos la tele, se fue la luz.
私たちがテレビを見ていたら、停電した。

②習慣や反復的行為

Todos los domingos comíamos paella.
毎週日曜日、私たちはパエーリャを食べていました。

③過去の状況説明

¿Qué tal el Rastro?　–¡Horrible! Había un montón de ladrones.
「ラストロどうだった？」「ひどいもんだよ。泥棒がたくさんいたんだよ」

ポイント3 時刻や年齢は線過去

　時刻や年齢を表すときは、常に線過去を使います。

Cuando explotó la bomba, eran las cinco de la madrugada.
爆弾が爆発したのは、早朝の5時だった。

Cuando mi hermana tenía veinticinco años, tuvo su primer hijo.
姉は25歳の時、1人目の子供をもった。

練習問題

動詞を適切な形にしてみよう。

❶ Ayer (llover   ).
昨日は雨が降った。

❷ De niña, yo (tocar   ) el piano todos los días.
子供のころ、私は毎日ピアノを弾いていた。

❸ El sábado pasado nosotras (estar   ) en casa todo el día.
先週の土曜は、私たちは一日中家にいました。

❹ ¿Cuántos años (tener   ) tú cuando (casarse   ) con tu primera mujer?
最初の奥さんと結婚したのは、何歳でしたか？

❺ ¿Dónde (estar   ) vosotros cuando (ocurrir   ) el terremoto?
地震が起きた時、どこにいたの？

❻ Cuando yo (llegar   ) a casa, (ser   ) las nueve de la noche.
家に着いた時、夜の9時だった。

❼ Antes (haber   ) desechos industriales por aquí.
昔、この辺りには産業廃棄物があった。

すっきり

- 点過去は、過去の出来事をすでに終わったこととして外から目線で表します。
- 線過去は、過去の出来事を始まりと終わりを問題にせず、中から目線で表します。

+α　もっと使い分け！

　点過去が「〜した」、線過去が「〜していた」と日本語に対応させることが多いのですが、いつもそれでOKということはありません。例えばViví 3 años en Madrídは、「私は3年間マドリードに住んでいた」と訳される事が多いのですが、点過去を使います。ポイントは一緒に使う表現です。todo el día「一日中」、3 años「3年間」など、はっきりと期間を示す語と用いる場合、点過去になります。これらの表現が出来事を「終わったこと」として示すからです。

もやもや 15 過去分詞と完了

完了というのが何を示すのかよくわかりません。

完了は、ある時点を基準にしてそれまでに起こった出来事を表します。基準となる時点は、haberの時制で表します。

キホンのルール

①過去分詞の作り方

規則形
ar動詞：-ar→-ado (hablar→hablado)
er動詞, ir動詞：-er, -ir→-ido (comer, vivir→comido, vivido)
＊leer→leído（母音a,e,o + -er, -irの場合、iにアクセントがつきます）

不規則形
abrir→abierto, cubrir→cubierto, decir→dicho
escribir→escrito, freír→frito, hacer→hecho, morir→muerto
poner→puesto, romper→roto, ver→visto, volver→vuelto

②直説法現在完了は、「haberの直説法現在＋過去分詞」で作ります。過去分詞は性数変化しません。
he, has, ha, hemos, habéis, han ＋過去分詞

ポイント1 直説法現在完了

①完了
¿Has comido ya? –No, no he comido todavía.
「もう食事した？」「ううん、まだだよ」

②経験
¿Has estado alguna vez en España?
「スペインに行ったことある？」

–Sí, he estado varias veces. 「うん、何度か行ったことがあるよ」
–No, no he estado nunca. 「いいえ、一度もないよ」
③現在を含む期間内に起こった出来事
　　hoy, esta semana, este mesなどとともに用いられます。
Esta mañana me he levantado tarde.　今朝私は寝坊した。

ポイント2 直説法過去完了

「haber（直説法線過去）＋過去分詞」で、過去のある時点までに完了、経験、継続した出来事を表します。
Cuando llegué a la estación, el tren ya había salido.
駅に着いた（過去の時点）ら、電車はもう出てしまっていた（それまでに起こった出来事）。

ポイント3 直説法未来完了

「haber（直説法未来）＋過去分詞」で、未来のある時点までの完了と現在完了の推量を表します。
Para el próximo viernes habré acabado este trabajo.
私は来週の金曜までにこの仕事を終えているでしょう。
Todavía no aparece Raquel.　Habrá perdido el autobús.
ラケルはまだ来ていない。たぶんバスに乗り遅れたのでしょう。

ポイント4 直説法過去未来完了

「haber（直説法過去未来）＋過去分詞」で、過去完了の推量を表します。また、条件文において、過去の事実とは異なる事柄について述べる帰結節でも用いられます。

Si no me hubieran dado la beca, no habría podido estudiar en España.
もし奨学金がもらえなかったら私がスペインで勉強することはできなかっただろう。
Juan me dijo que el avión ya habría salido para entonces.
フアンは私に、その時にはもう飛行機は出発していただろうと言った。

練習問題

適切な完了を入れてみよう。

❶ ¿Ya (cenar　　　　　　　　)? –Sí, (cenar　　　　　　　　).
「君たちもう夕飯食べた？」「うん、食べたよ」

❷ Cuando llegué a la universidad, la clase ya (empezar　　　　　　　　).
私が大学に着いたら、授業はもう始まっていた。

❸ Para mañana (limpiar　　　　　　　　) la casa.
明日までには私たちは部屋を掃除しているでしょう。

❹ Cuando llegué a la estación, mi novia ya no estaba.
(Cansarse　　　　　　　　) de esperar.
駅に着いたら、彼女はもういなかった。待ちくたびれてしまったのだろう。

❺ Mi tío dijo que no (estar　　　　　　　　) en Perú nunca.
叔父はペルーに一度も行ったことがないと言っていました。

❻ ¿Esta tarde usted (ver　　　　　　　　) a Marcos?
–No, no lo (ver　　　　　　　　).
「今日の午後マルコスに会いましたか？」「いいえ、会っていません」

❼ ¿Cuándo cortaste con Juan? –Cuando empecé a salir con Ramón, ya (cortar　　　　　　　　) con él.
「君はいつフアンと別れたの？」「ラモンと付き合い始めたときには、もう彼とは別れてたわ」

すっきり

　完了は動詞haber＋過去分詞で作ります。直説法現在完了（haberの直説法現在＋過去分詞）、直説法過去完了（haberの直説法線過去＋過去分詞）、直説法未来完了（haberの直説法未来＋過去分詞）、直説法過去未来完了（haberの直説法過去未来＋過去分詞）があります。haberの時制を基準として、その時点で完了している（であろう）出来事などを表します。

+α　受身

① （主語）＋ser＋過去分詞（＋por＋動作主）：動作の受身
② （主語）＋estar＋過去分詞：結果状態

　過去分詞は主語の性数に一致します。

Los ladrones han sido detenidos por el teniente Olivares.
泥棒たちはオリバレス警部補によって逮捕された。
La cena ya está preparada.
夕食はもう準備されている。→夕食はもうできている。

もやもや 16 現在分詞と進行形

現在分詞は過去分詞と違うのですか？

過去分詞は形容詞としても使われ、すでに完了したことを表すのに対し、現在分詞は副詞としても使われ、動作が進行中であることを表します。ですから現在分詞はestarとともに進行形を作り、過去分詞はhaberとともに完了形を作ります。

キホンのルール

現在分詞の作り方

規則形
- ar動詞：-ar→-ando（hablar→hablando）
- er動詞：-er→-iendo（comer→comiendo）
- ir動詞：-ir→-iendo（vivir→viviendo）

不規則形

① 語幹母音変化動詞 e→i, o→u

decir→diciendo, morir→muriendo, sentir→sintiendo, poder→pudiendo

② i→y

leer→leyendo, oír→oyendo, creer→creyendo, ir→yendo

ポイント 1　現在進行形

estar（直説法現在）＋現在分詞で、現在進行中の行為や出来事を表します。

Está lloviendo.　雨が降っています。
Estamos viendo las noticias.　私たちはニュースを見ています。

ポイント2 過去進行形

過去進行形は2種類あります。

① estar（直説法線過去）＋現在分詞で、過去に進行していた行為や出来事を強調します。

Cuando me llamaste, yo estaba estudiando para el examen de hoy.
君が電話をくれたとき、今日の試験のために猛勉強してたんだよ。

② estar（直説法点過去）＋現在分詞で、区切られた期間に行われた進行中の行為や出来事を表します。

Ayer estuvo nevando tres horas.　昨日は3時間雪が降っていた。

ポイント3 未来進行形

estar（直説法未来）＋現在分詞で、未来において進行しているであろう行為や出来事、現在進行中のことについての推量を表します。

Mañana a esta hora estaremos jugando al tenis.
明日の今ごろは、私たちはテニスをしているでしょう。

ポイント4 estar以外の動詞＋現在分詞

estarのほかにseguir, continuar, venir, ir, llevarなどを用いて、ニュアンスを付け加えることができます。

Sigue lloviendo.　雨が降り続いている。

La economía española va mejorando poco a poco.
スペイン経済は少しずつ良くなってきている。

練習問題

進行形を作ってみよう。

❶ ¿Qué (hacer   )?
 –(Leer   ) el periódico.
 「君何してるの？」「新聞読んでるんだ」

❷ ¿Qué (hacer   ) cuando te llamé anoche?
 –(Cenar   ) con mi mamá.
 「夕べ電話したとき、君は何してたの？」「ママと夕飯を食べていたんだ」

❸ Ayer (nadar   ) dos horas en la piscina.
 昨日、私たちは２時間プールで泳いでいました。

❹ María no me coge el teléfono. ¿Qué (hacer   )?
 マリアが電話に出ないんだけど、一体何しているのかしら。

❺ Continúa (nevar   ) en el norte de España.
 スペイン北部では雪が降り続いている。

❻ Llevan (trabajar   ) cinco años en aquella fábrica.
 彼らはあの工場で５年前から働いています。

❼ Viene (hacer   ) cada día más frío.
 日ごとに寒くなってきています。

すっきり

現在分詞は、動作が進行形であることを表し、estarとともに進行形を作ります。estarのほかにはseguir, continuar, ir, venirを使い、異なるニュアンスを付け加えることができます。

+α　現在分詞の副詞的用法

2つの動作が同時に行われていることを表す場合、副次的な方を現在分詞を用いて表します。日本語の「〜しながら」に相当します。

Hacemos yoga viendo el DVD.
私たちはDVDを見ながらヨガをします。

Desayunábamos charlando.
私たちはおしゃべりをしながら朝食をとったものだ。

もやもや 17 未来と過去未来

未来の用法は大体わかるのですが、過去未来って何ですか？

未来は現在から見た先のこと表しますが、過去未来は過去のある時点から見て、その先に起こるであろうことを表します。

キホンのルール

・活用語尾

未来の活用語尾は、-é, -ás, -á, -emos, -éis, -án、過去未来の活用語尾は -ía, -ías, -ía, -íamos, -íais, -ían です。

・規則活用

不定詞を語幹として用いて、活用語尾をつけます。
未来：hablaré, hablarás, hablará, hablaremos, hablaréis, hablarán
過去未来：hablaría, hablarías, hablaría, hablaríamos, hablaríais, hablarían

・不規則活用

語幹の形が変わります。活用語尾は規則活用と同じです。

1. eを削除（poder→podr-）
   podré, podrás, podrá, podremos, podréis, podrán
   podría, podrías, podría, podríamos, podríais, podrían
2. e, iを削除しdを挿入（venir→vendr-）
   vendré, vendrás, vendrá, vendremos, vendréis, vendrán
   vendría, vendrías, vendría, vendríamos, vendríais, vendrían
3. その他
   hacer→ haré, harás, hará, haremos, haréis, harán
   haría, harías, haría, haríamos, haríais, harían
   decir→ diré, dirás, dirá, diremos, diréis, dirán
   diría, dirías, diría, diríamos, diríais, dirían

ポイント1　未来の用法

次のような表現で用います。

①未来の行為・状態・出来事などを表す
Mañana lloverá.　明日は雨が降るでしょう。

②現在の推量を表す
Mi abuelo tendrá más de noventa años.
祖父は90歳以上でしょう。

③命令を表す（主として2人称で）
Me llevarás a la estación en coche.
私を車で駅に連れて行って。

ポイント2　過去未来の用法

次のような表現で用います。

①過去から見た未来を表す
過去のある時点を起点としてその先の行為、状態、出来事を表します。
Me dijiste que me llevarías a la estación en coche, ¿verdad?
君は僕を車で駅に連れて行ってくれると言ったよね？

②過去の推量を表す
Cuando acabó la Segunda Guerra Mundial, mi abuela tendría unos veinte años.
第二次世界大戦が終わった時、祖母は20歳くらいだっただろう。

③婉曲（丁寧表現）
¿Podría usted hablar más despacio, por favor?
もっとゆっくり話していただけますか？

④仮定文の帰結節で
現実ではないことを仮定した文の帰結節で用いられ、「～だろうに」を表します。
Yo que tú, no lo haría.
私が君だったら、そんなことはしないだろうに。

練習問題

未来か過去未来にしてみよう。

❶ No (tener　　　　　　　) clase mañana.
私たちは明日は授業がありません。

❷ Cuando terminó el partido de béisbol, (ser　　　　　　　) las diez de la noche.
野球の試合が終わった時、夜の10時だっただろう。

❸ ¿(Poder　　　　　　　) hablar con el director?
私は部長とお話ししたいのですが。

❹ ¿Sabes dónde está Victoria? –No sé. (Estar　　　　　　　) en casa de sus padres.
「ビクトリアがどこにいるか知ってる？」「さあ、実家にいるんじゃない」

❺ Hijos, me (esperar　　　　　　　) aquí.
お前たち、ここで待ってなさい。

❻ Yo en tu lugar, no (salir　　　　　　　) con él.
私があなただったら、彼とは付き合わないでしょうに。

❼ No sabíamos si ella (venir　　　　　　　) a la fiesta o no.
私たちは彼女がパーティーに来るかどうかわからなかった。

❽ ¿Tienes hora? –No. Pero (ser　　　　　　　) las diez y pico porque acaba de cerrar el Corte Inglés.
「時間わかる？」「ううん、でも、コルテ・イングレス（スペインの百貨店）が閉店したところだから、10時過ぎじゃないかな」

> \\すっきり//
>
> ・未来は現在から見て先のことを表します。
> ・過去未来は、過去のある時点から見て、その先のことを表します。

+α　未来と過去未来の相違点と共通点

　ポイント1と2の用法の①と②は、未来が現在を基準にした先のことを示し、過去未来が、過去のある時点を基準にして、その先のことを表している、ということから、基準となる点を現在とするか、過去とするかの違いだけで、いずれも「ある時点から先」のことを表していると言えます。

もやもや 18 　命令法

命令には、どのような形を使ってよいのか わかりません。

tú と vosotros に対する肯定命令「〜しなさい」には特別な形がありますが、そのほかの命令には接続法現在を用います。

キホンのルール

tú に対する肯定命令規則形：直説法現在3人称単数の形を用います。
vosotros に対する肯定命令：不定詞の語尾の r を d に置き換えます。

不定詞	hablar	comer	vivir	cerrar
tú に対する肯定命令	habla	come	vive	cierra
vosotros に対する肯定命令	hablad	comed	vivid	cerrad

ポイント 1　tú に対する肯定命令の不規則形

tú に対する肯定命令には、不規則形があります。

不定詞	tener	poner	venir	salir	hacer	ser	decir	ir
tú に対する肯定命令	ten	pon	ven	sal	haz	sé	di	ve

Sal de aquí.
ここから出ていきなさい。

Ven conmigo.
私と一緒に来なさい。

＊vosotros に対する肯定命令には、不規則形にはありません。

ポイント2 　túとvosotros以外の人称に対する肯定命令

接続法現在を使います。

不定詞	hablar	comer	vivir	cerrar
ustedに対する肯定命令	hable	coma	viva	cierre
ustedesに対する肯定命令	hablen	coman	vivan	cierren
nosotrosに対する肯定命令	hablemos	comamos	vivamos	cerremos

ポイント3 　否定命令

no+接続法現在で表します。

No engordes más.
（君）これ以上太るなよ。

No entren aquí.
（あなたがた）ここに入らないでください。

ポイント4 　nosotrosに対する命令

勧誘を表します。ただし＜vamos a+不定詞＞の方がよく用いられます。

Hablemos de eso. / Vamos a hablar de eso.
そのことについて話しましょう。

　ir「行く」の場合、vayamosよりもvamosが多く使われています。
Vamos al cine.　映画に行きましょう。
（=vayamos al cine.）
No vayamos en metro. Vamos en taxi.
（=Vayamos en taxi.）
地下鉄で行くのはやめましょう。タクシーで行きましょう。

練習問題

命令文を作ってみよう。

❶ estudiar más　［もっと勉強する］
　(tú) _____
　(vosotros) _____

❷ no tener miedo　［怖がらない］
　(tú) _____
　(ustedes) _____

❸ no mentir　［嘘をつかない］
　(tú) _____
　(vosotros) _____

❹ hacer el favor de callarse un poco　［ちょっと口を閉じてもらう］
　(tú) _____
　(vosotros) _____
　＊callarseのseの形にも注意。

❺ ir al médico ahora mismo　［すぐに医者に行く］
　(tú) _____
　(usted) _____

すっきり

- tú, vosotros に対する肯定命令には特別な形があります。
- tú, vosotros以外（usted, ustedes, nosotros）に対する肯定命令には接続法現在を用います。
- 否定命令では、すべての人称に対して接続法現在を用います。

+α 命令文における目的格人称代名詞、再帰代名詞の位置

　肯定命令では、活用した動詞の後ろに直接つけ、一語として表します。アクセント符号がつくことがあるので、注意しましょう。否定命令では動詞の前に置きます。

Dímelo.　私にそのことを言って。
No me lo digas.　私にそんなことを言わないで。
Siéntese aquí.　こちらに座ってください。
No se siente aquí.　ここに座らないでください。

　再帰動詞の1人称複数に対する肯定命令では、語尾の-sをとってから再帰代名詞nosを、2人称複数に対する肯定命令では、語尾の-dをとってから再帰代名詞osをつけます。
Sentémonos aquí. (sentemos + nos)　ここに座りましょう。
Sentaos aquí. (sentad + os)　君たち、ここに座りなさい。

　irse「行ってしまう、立ち去る」の1人称複数に対する肯定命令にはvayámonos (vayamos + nos)、vámonos (vamos + nos)の2つの形がありますが、vámonosの方がよく使われています。また、2人称複数に対する肯定命令は、動詞の語尾の-dをとらずにそのままosをつけてidosとなります。

もやもや 19　接続法現在の活用

接続法現在と直説法現在の活用が似ているような気がしますが…。

接続法現在の-ar動詞と-er,-ir動詞の活用語尾は、それぞれ直説法現在の-er動詞と-ar動詞の活用語尾に似ています。比較してみましょう。

キホンのルール

接続法現在の活用は、規則形も不規則形も次のような活用語尾になります。

-ar動詞の活用語尾：　-e, -es, -e, -emos, -éis, -en
-er動詞の活用語尾 ⎫
-ir動詞の活用語尾 ⎬ -a, -as, -a, -amos, -áis, -an

規則活用
hablar : hable, hables, hable, hablemos, habléis, hablen
comer : coma, comas, coma, comamos, comáis, coman
vivir : viva, vivas, viva, vivamos, viváis, vivan

ポイント1　直説法現在1人称単数を基本にして活用する動詞

例えば、hacerの接続法現在の活用は、直説法現在1人称単数がhagoで、-er動詞なので、語末のoをaに変えhagaとなり、haga, hagas...と活用します。

① hacer: [**hago**]: haga, hagas, haga, hagamos, hagáis, hagan
　salir: [**salgo**]: salga, salgas, salga, salgamos, salgáis, salgan
　tener: [**tengo**]: tenga..., poner: [**pongo**]: ponga...
　oír: [**oigo**]: oiga..., decir: [**digo**]: diga...

②conocer: [**conozco**]: conozca, conozcas, conozca,
　　　　　　　　 conozcamos, conozcáis, conozcan
　conducir: [**conduzco**]: conduzca...
　traducir: [**traduzco**]: traduzca...

ポイント2　語幹母音変化動詞

　直説法現在のように、語幹母音が変化します。-ir動詞は、1人称複数と2人複数の語幹も変わるので注意が必要です。
pensar: piense, pienses, piense, pensemos, penséis, piensen
volver: vuelva, vuelvas, vuelva, volvamos, volváis, vuelvan
pedir: pida, pidas, pida, pidamos, pidáis, pidan
dormir: duerma, duermas, duerma, durmamos, durmáis, duerman
sentir: sienta, sientas, sienta, sintamos, sintáis, sientan

ポイント3　その他の不規則形

ver: vea, veas, vea, veamos, veáis, vean
ser: sea, seas, sea, seamos, seáis, sean
dar: dé, des, dé, demos, deis, den
estar: esté, estés, esté, estemos, estéis, estén
haber: haya, hayas, haya, hayamos, hayáis, hayan
saber: sepa, sepas, sepa, sepamos, sepáis, sepan
ir: vaya, vayas, vaya, vayamos, vayáis, vayan

練習問題

A 接続法現在の表を完成させてみよう。

abrir	morir	❼	❿	querer
abra	❸	diga	⓭	quiera
❶	❹	❽	⓮	⓱
abra	muera	❾	vaya	⓲
abramos	muramos	⓾	⓯	queramos
❷	❺	digáis	⓰	⓳
abran	❻	⓫	vayan	⓴

B AとBの関係になるように、CとDに適切な語を入れてみよう。

A	B	C	D
yo	puedo	㉑	podamos
pidáis	pedir	vengáis	㉒
sea	seamos	esté	㉓
conduces	conduzcas	hacen	㉔
sepamos	saber	㉕	dar

すっきり

- 接続法現在の-ar動詞と-er,-ir動詞の活用語尾は、それぞれ直説法現在の-er動詞と-ar動詞の活用語尾に似ています。
- 不規則活用には、直説法現在1人称単数を基本にして活用する動詞、語幹母音変化動詞などがあります。

+α つづり字に注意が必要な動詞

正書法の規則に従ってつづりが変わる動詞があるので注意しましょう。例えば、次のようなものがあります。

llegar:　llegue, llegues, llegue, lleguemos, lleguéis, lleguen

buscar:　busque, busques, busque, busquemos, busquéis, busquen

coger:　coja, cojas, coja, cojamos, cojáis, cojan

empezar:　empiece, empieces, empiece, empecemos, empecéis, empiecen

もやもや 20 接続法現在の用法

接続法は、どんなときに使うのですか？

　頭の中で描いた出来事を主観を交えて述べたり、未来のこと、あるいは条件として表すときに用います。従属節で使われることが多く、主節の動詞や接続詞句により接続法の使用が要求されるので、そのパターンを覚えましょう。

キホンのルール

・**名詞節**
Quiero que **vengas** pronto. 私は君に早く来てほしい。

・**副詞節**
Cuando **vayamos** a España, visitaremos el Museo del Prado.
スペインに行ったら、プラド美術館に行くつもりです。

・**形容詞節**
Necesitamos una secretaria que **hable** alemán.
私たちはドイツ語を話せる秘書が必要です。

・**独立文**
Tal vez él no **sepa** la verdad.
たぶん彼は本当のことを知らないだろう。

・**命令**　2人称の肯定命令以外の命令で用いられます。
No **seas** tonta.　ばかなことするなよ。

ポイント 1　名詞節

　主動詞が願望、命令、助言、疑惑、否定、価値判断、感情などを表す従属節の中で使われます。

El médico me ha dicho que no beba mucho.
医者は私に深酒をするなと言った。

ポイント2 副詞節

未来、条件、譲歩、目的などを表す従属節の中で使われます。

Te dejo mi vestido nuevo para que te lo pongas para la fiesta.
あなたがパーティーで着られるように、私の新しいドレスを貸してあげる。

Aunque parezca joven, Leticia tiene sesenta años.
レティシアは若く見えるかもしれないけど、60歳よ。

aunqueは、事実について述べる場合は、直説法を用います。

Aunque parece joven, Leticia tiene sesenta años.
レティシアは若く見えるけど、60歳よ。

ポイント3 形容詞節（関係節）

先行詞が、不定や否定を表す関係節の中で使用されます。

No hay nadie que me ayude.
私を助けてくれる人は誰もいない。

Buscamos un piso que cueste menos de seiscientos euros al mes.
私たちは月に600ユーロ以下のマンションを探しています。

ポイント4 独立文

推量「たぶん」（tal vez/quizá(s) など）や、願望「どうか～しますように」（ojalá など）の表現により、接続法が要求されます。

Tal vez/Quizá(s) no la quiera él.
たぶん彼は彼女のことを愛していないだろう。

強く信じている場合は直説法が用いられます。

Tal vez/Quizá(s) no la quiere él.
たぶん彼は彼女のことを愛していない。

Ojalá (que) lo paséis bien el fin de semana.
君たちが楽しい週末を過ごしますように。

練習問題

接続法現在にして入れてみよう。
[beber, estar, hacer, llegar, llover, poder, querer, tocar, tomar]

❶ Es posible que (　　　　　　　　) mañana.
明日は雨が降るかもしれない。

❷ No creo que los profesores (　　　　　　　　) tarde a clase.
私は先生が授業に遅刻するとは思いません。

❸ Cuando (　　　　　　　　), ven.
来たいときに、来てね。

❹ Haz lo que (　　　　　　　　).
できることをしなさい。

❺ Aunque (　　　　　　　　) mal tiempo, mañana haremos una barbacoa en la playa.
天気が悪くても、明日は浜辺でバーベキューをするつもりです。

❻ Ojalá me (　　　　　　　　) la lotería.
どうか宝くじが当たりますように。

❼ Me alegro de que (　　　　　　　　) conmigo.
君が僕と一緒にいてくれてうれしいよ。

❽ Nuestro endocrino nos aconseja que (　　　　　　　　) bastante agua y (　　　　　　　　) menos grasa.
私たちのダイエット外来の専門医は、十分な量の水を飲み、脂肪は控えるように忠告しています。

すっきり

- 主動詞が願望、命令、助言、疑惑、否定、価値判断、感情などを表す名詞節で用いられます。
- 未来、条件、譲歩、目的などを表す副詞節で用いられます。
- 形容詞節（関係節）で使われます。先行詞には、不定や否定を表す語句がきます。
- 推量や願望を表す表現とともに、独立文で用いられます。
- 2人称に対する肯定命令以外の命令で用いられます。

+α 接続法過去

活用

接続法過去は、直説法点過去3人称複数の語尾の-ronを除いて、-ra, -ras, -ra, -ramos, -rais, -ran (-ra形) もしくは-se, -ses, -se, -semos, -seis, -sen(-se形)をつけます。

hablar: hablara, hablaras, hablara, habláramos, hablarais, hablaran
　　　　 hablase, hablases, hablase, hablásemos, hablaseis, hablasen

用法

①従属節に接続法を要求する主動詞が過去あるいは過去未来の場合

Les pidió que le **ayudaran**. 彼は彼らに助けてくれるよう頼んだ。

Sería mejor que no le **hicieras** caso.
君は彼女のことを気にしない方がいいんじゃないかしら。（婉曲）

②-ra形を用いて、丁寧さを表す。

Quisiéramos proponerles unas ideas.
私たちはあなた方にアイデアをいくつか提案したいのですが。

③事実とは異なる現在の事柄を仮定する場合の条件節で（帰結節には過去未来）。

Si yo **tuviera** mucho dinero, no trabajaría tanto.
もし私に大金があったら、こんなに働かないだろうに。

第3部

文の構造がもやもやする！

　英語のbe動詞にあたる2つの動詞serとestarの使い分け、独特な構文をとる動詞gustar、主語の行為が主語自身に帰ることを表す再帰代名詞を用いた構造、関係詞の使い方や比較構文など文の構造にまつわるもやもやをすっきりさせます。

もやもや 21　tener と hacer

動詞 tener と hacer には
いろいろな使い方があるようですが…。

tener「持つ」は、目的語にくる名詞によって、状態や身体的・精神的特徴、年齢などを表します。hacer「する・作る」は、天候や時の経過を表すことができます。

キホンのルール

・tener

英語ではbe動詞を用いて表す事柄を、スペイン語では動詞tenerを用いて表すことがよくあります。注意しましょう。

（英語）¿Are you hungry?
（スペイン語）¿Tienes hambre?
（英語）William is eight years old.
（スペイン語）Guillermo tiene ocho años.

・hacer

天候や時の経過を表す場合は、常に3人称単数で用いられます。
Ayer hizo mal tiempo.　昨日は天気が悪かった。
Hace mucho tiempo que vivíamos en Suiza.
昔私たちはスイスに住んでいました。

ポイント1　tenerを用いて状態を表す

「私は暑い」は、スペイン語ではTengo calor.（私は暑さを持っている）という言い方をします。calorは名詞（暑さ）です。ほかには、frío（寒さ）, hambre（空腹）, sueño（眠気）, sed（のどの渇き）などの名詞がきます。
¿Tienes sueño?　君、眠いの？

ポイント2 tenerを用いて年齢を表す

スペイン語では、年齢を表す場合、serではなくtenerを用います。
¿Cuántos años tienes?　–Tengo veintiún años.
「君、年いくつ？」「21歳だよ」

ポイント3 hacerを用いて天候を表す

天候を表す名詞句とともに使います。
¿Qué tiempo hace hoy？　–Hace buen/mal tiempo.
「今日はどんなお天気ですか？」「良い/悪い天気です」
En la montaña hace fresco por la noche.　山の夜は涼しい。
Hace mucho sol.　日差しが強い。

ポイント4 hacerで時の経過を表す

hacerの3人称単数＋期間＋que＋文で、「～して…になる」を表します。

Hace cinco años que estudio francés.
フランス語を勉強して5年になる。
Hace cincuenta años que se casaron mis padres.
私の両親が結婚したのは50年前です。

hacerの3人称単数は前置詞的に用いられ、「～前に」を表します。また、desdeとともに使うこともあります。

Mi marido y yo tuvimos un accidente de tráfico en la autopista hace cuatro años.
夫と私は4年前に高速道路で事故にあった。

Desde hace diez años no nos hablamos.
10年前から私たちは口もきいていません。

練習問題

A tener を活用させ、訳してみよう。

❶ Rafael (　　　　　) la nariz grande.

❷ Yo (　　　　　) 38 grados de fiebre.

❸ ¿Vosotros (　　　　　) frío?

❹ Luis y David (　　　　　) un corazón de oro.

❺ ¿Qué edad (　　　　　) usted? –(　　　　　) cien años.

B (　) 内の語を用いて、スペイン語で答えてみよう。

❻ ¿Qué tiempo hará mañana? (mucho viento)
明日はどんなお天気かしら？（風が強い）

❼ ¿Cuánto tiempo hace que aprendes español? (dos años)
スペイン語を勉強してどのくらいになるの？（2年）

❽ ¿Desde cuándo vivís aquí? (15 años)
いつからここに住んでるの？（15年前）

❾ En Japón, ¿qué tiempo hacía hace 40 años? (menos calor que ahora)
日本では、40年前はどんなお天気でしたか？（今ほど暑くない）

＼すっきり／

- tenerは、状態や年齢を表すとき使います。
- hacerは、3人称単数で、天候や時の経過を表します。

+α　天候を表すさまざまな表現

1. hacer以外の天候を表す表現
　動詞は常に3人称単数を用います。

Llueve mucho en junio. (llover)　6月は雨がよく降る。

Va a nevar mañana.　明日は雪が降るでしょう。

En Japón **hay** mucha humedad en verano.
日本は、夏は湿気が多い。

Está nublado.　曇っています。

2.「暑い」「寒い」を表すtener calor/fríoとhacer calor/fríoの違い
　tener calor/fríoは、主語が暑さや寒さを感じていることを表し、hacer calor/fríoは天気の暑さや寒さを表します。

Hoy hace mucho frío pero tengo calor porque he venido corriendo.
今日はすごく寒いけど、私は走ってきたので暑いのよ。

もやもや22　serとestar

「A＝B（AはBです）」と言いたいとき、serとestarのどちらを使ったらよいのかわかりません。

serかestarの使い方が問題になるのは、Bに形容詞（句）がくる場合です。基本的にはAの性質や特徴を表す形容詞（句）がBにくる場合はser、Aの状態を表す形容詞（句）がくる場合はestarを使います。

キホンのルール

serの場合、Bには名詞（句）、形容詞（句）、前置詞句などがきます。

Aquella chica es Lucía, mi novia. Es muy simpática. Es de Buenos Aires.
あの女の子は僕の彼女のルシアだよ。とても感じが良くて、ブエノスアイレス出身なんだ。

estarの場合、Bには形容詞（句）、副詞（句）、前置詞句などがきます。

Lucía estaba cansada de su novio. Estaba mal con él. Ahora está conmigo.
ルシアは恋人にうんざりしてた。彼とはうまくいっていなかったんだ。今は僕と一緒さ。

ポイント1　serの用法

主語（A）の特徴や性質を表す語が補語（B）の位置にきます。

B：名前、職業、国籍などを表す名詞（句）

Soy Clara. Soy fotógrafa. Soy española.
私はクララです。カメラマンで、スペイン人です。

B：性質を表す形容詞
Clara es alta y delgada.　クララは背が高くて痩せています。

B：前置詞句
Clara es de Mérida.　クララはメリダ出身です。

ポイント2　estarの用法

主語（A）の状態を表す語が補語（B）の位置にきます。

B：形容詞（句）
Clara está contenta con su trabajo.
クララは自分の仕事に満足している。

B：副詞（句）
Clara está muy bien.　クララはとても元気です。

B：前置詞句
Clara está de vacaciones.　クララは休暇中です。

ポイント3　serとestarで意味やニュアンスが変わる場合

serとestarのどちらとも使用される形容詞は少なくありません。どちらを使うかによって、意味やニュアンスが異なるので注意しましょう。

¡Qué guapo es Antonio!
アントニオはすごくハンサムだよね！

¡Qué guapo está Antonio hoy!
アントニオは、今日はすごくいかしてるよね！

La cena está lisuta.　夕食はできています。
Maria es lista.　ヌリアは利口だ。

練習問題

ser か estar を適切な形で入れてみよう。

❶ Ana y yo (   ) brasileños, de Río de Janeiro.
アナと私はリオデジャネイロ出身のブラジル人です。

❷ ¿Cómo (   ) (tú)? –(   ) bien, gracias.
「君、調子どう？」「元気だよ、ありがとう」

❸ Alberto (   ) alegre. Pero hoy (   ) triste porque no aprobó el examen de matemáticas.
アルベルトは陽気な人だが、今日は落ち込んでいる。なぜなら数学の試験に落ちたからだ。

❹ ¿Cuándo (   ) tu cumpleaños?
–(   ) el 11 de octubre.
「君の誕生日はいつですか？」「10月11日です」

❺ Mis abuelos (   ) de viaje en París.
私の祖父母はパリに旅行中です。

❻ ¿Quién (   ) vuestro profesor de Filosofía?
–(   ) Pablo Zapatero.
「君たちの哲学の先生は誰ですか？」「パブロ・サパテロです」

❼ ¡Niña! ¡Qué alta (   )!
まあ、なんて大きくなったんだい。

❽ Esta carta (   ) para ti.
この手紙は君あてだよ。

すっきり

- serは主語の名前、職業、国籍を表すときに用います。
- estarは主語の状態を表すときに用います。
- serとestarの後ろに同じ形容詞がくる場合は、意味やニュアンスが異なります。

+α 「行われる」を意味するser

serは一般動詞として、「行われる、催される」の意味でも用いられます。

La boda es a las once en la catedral de Granada.
結婚式はグラナダ大聖堂で11時に行われる。

主語には結婚式、授業、コンサート、講演会など行事を表す名詞がきます。

La siguiente clase es en el aula 105.
次の授業は105番教室です。

La conferencia del Sr. López es a las 14.30.
ロペス氏の講演会は14時30分に始まります。

La función del teatro es a las 21.00.
劇の上演は21時です。

もやもや 23　hayとestar

「〜は（が）ある、いる」と言いたいとき、hayとestarのどちらを使ってよいのかわかりません。

hayは不特定の人や物の存在を表す場合、estarは特定の人や物の所在を表す場合に使います。

キホンのルール

動詞haberの3人称単数は、不特定な人や物の存在を表す時に用いられます。人や物が単数でも複数でも、形は変わりません。直説法現在の場合、hayという特殊な形があります。

Hay una cucaracha en la cocina.
台所にゴキブリが1匹いる。

Hay (unas) cucarachas en la cocina.
台所にゴキブリが（数匹）いる。

人や物を表す名詞は常にhayの後ろに置かれます。場所を表す語句は、文頭にも文末にも置くことができます。

En Benidorm **hay más hoteles** que en Madrid.
ベニドルムにはマドリードよりたくさんのホテルがある。

estarはすでに存在していることがわかっている人や物の所在を表します。

Me regalaron un pavo. Ahora (**el pavo**) **está** en el horno para la cena.
昨日、七面鳥を1羽もらった。（七面鳥は）夕食のために今オーブンの中です。

ポイント1 hayの用法

hayの後ろに不特定の人や物（不定冠詞＋名詞、数や量を表す形容詞／数詞＋名詞、無冠詞の名詞、不定／否定代名詞など）を置き、その存在の有無を表します。

Hay (unas) manchas en este jersey.
このセーターにはシミが（いくつ）かあります。

En el aula hay treinta alumnos.
教室には30人の学生がいる。

¿Hay alguien por aquí?
この辺りに誰かいますか？

ポイント2 estarの用法

特定の人や物（固有名詞、定冠詞＋名詞、所有詞（＋名詞）など）を主語として、その所在を表します。

Javier está en su dormitorio.
ハビエルは自室にいます。

Toledo está a unos setenta kilómetros de Madrid.
トレドはマドリードから約70kmのところにあります。

Nuestra universidad está cerca de la estación.
私たちの大学は駅の近くにあります。

練習問題

hay か estar を適切な形で入れてみよう。

❶ (　　　　　　　) muchos bancos en el parque.
公園にはベンチがたくさんあります。

❷ ¿Dónde (　　　　　　) la Estación de Atocha?
−(　　　　　　) cerca, a unos cinco minutos a pie.
「アトーチャ駅はどこですか？」「近いですよ。歩いて５分ほどです」

❸ (携帯電話で) ¿Dónde (　　　　　　)?
−(　　　　　　) en el autobús.
「君、どこにいるの？」「バスの中だよ」

❹ Mañana no (　　　　　　) clase.
明日は授業がない。

❺ ¿(　　　　　　) un hostal barato por aquí?
−Sí, (　　　　　　) uno muy bueno.
「この辺りに安いオスタルありますか？」「ええ、とても良いのが１軒ありますよ」

❻ La oficina de mi padre (　　　　　　) en Shinjuku.
La mía (　　　　　　) en Ginza.
父のオフィスは新宿にあります。私のは銀座にあります。

❼ En Nara (　　　　　　) muchos monumentos históricos.
奈良にはたくさんの歴史的な建造物があります。

> **すっきり**
>
> ・hayは不特定な人や物の存在の有無を表すときに使います。
> ・estarは特定の人や物の所在を表すときに使います。
> ・特定、不特定は、人や物を表す表現により区別します。

+α 義務を表すhay que＋不定詞

　誰が「〜しなければならない」かを表す「tener que＋不定詞」と異なり「hay que＋不定詞」は、「誰が」を特定せず、一般的な義務を表します。それは、hayが主語に合わせて活用しないことからも推測できます。

Hay que comer para vivir.
(人は)生きるために働かなければならない。

　否定形の場合、「〜しなくてもよい」を表す「no tener que＋不定詞」とは異なり、「no hay que＋不定詞」は、禁止「〜してはいけない」を表すこともあります。

No hay que desesperar.
絶望してはいけない。

No hay que comer todo lo que se sirve.
出された物すべてを食べる必要はない。

もやもや 24　gustar型動詞

「私は〜が好きです」という文では、主語は「私」ではないのですか？

　主語は「私」ではなく、「〜が」に相当する対象物です。「私」は間接目的格人称代名詞meで表し、「〜が私に気に入る」という形をとります。

　Me gustan los deportes.（私はスポーツが好きです）

キホンのルール

間接目的格人称代名詞	+ gustar +	主語	
Me			
Te			
Le	gusta	el café.	〜はコーヒーが好きです。
Nos	gustan	los animales.	〜は動物が好きです。
Os			
Les			

ポイント 1　語順

　〈「好き」という感情を抱いている人（間接目的格人称代名詞）+gustar+「好き」と感じる対象物（主語）〉が基本的な語順です。gustarは、対象物（主語）に一致して活用させます。

¿Te gusta el fútbol?　 –Sí, me gusta.
「君はサッカー好きですか？」「はい、好きです」

Le gustan mucho los dulces.
彼女はお菓子が大好きです。

ポイント2 間接目的格人称代名詞を強調・具体化する場合

「前置詞a＋前置詞格人称代名詞」、「前置詞a＋名詞（句）」を文頭に置くのが一般的です。間接目的格代名詞も必ず使わなければなりません。

A María no le gustan los perros.
マリアは犬が好きではありません。

A mi padre le gusta la cerveza, pero a mí no me gusta.
父はビールが好きだけど、僕は好きじゃない。

ポイント3 「〜することが好きです」

主語に不定詞を用いて、「〜することが好きです」という文を作ることができます。不定詞が2つ以上並ぶ場合でも、動詞は3人称単数です。

Nos gusta jugar al tenis.
私たちはテニスをすることが好きです。

Me gusta mucho cantar y bailar.
私は歌ったり踊ったりすることが大好きです。

練習問題

（　）内に間接目的格人称代名詞を、下線部にgustarを適切な形で入れてみよう。

❶ ¿A usted (　　　　　) _____ la música clásica?
　–No, no (　　　　　) _____.
　「あなたはクラシック音楽が好きですか？」「いいえ、好きではありません」

❷ A Juan y a Emilio (　　　　　) _____ salir de juerga.
　フアンとエミリオは夜遊びが好きです。

❸ ¿(　　　　　) _____ ver la tele?
　–Sí, (　　　　　) _____.
　「君たちはテレビを見るのが好きですか？」「はい、好きです」

❹ A mí (　　　　　) _____ los embutidos pero a mi mujer no (　　　　　) _____.
　私はソーセージが好きだけど、妻は好きではない。

❺ A mis padres (　　　　　) _____ ir al cine.
　私の両親は映画を見に行くのが好きです。

❻ ¿A ustedes (　　　　　) _____ practicar deportes?
　–Sí, (　　　　　) _____.
　「あなた方はスポーツをするのが好きですか？」「はい、好きです」

❼ ¿Cuál (　　　　　) _____ más, la comida española o la italiana?
　–(　　　　　) _____ más la española.
　「君はスペイン料理とイタリア料理のどちらが好き？」「スペイン料理だよ」

> **すっきり**
> - 語順は「間接目的格人称代名詞＋gustar＋主語」です。
> - 間接目的格人称代名詞を強調あるいは具体化する場合、前置詞a＋名詞（句）／前置詞格人称代名詞を文頭に置きます。
> - 主語に不定詞を置き「～することが好きです」を表します。この場合、不定詞が２つ以上並んでも、gustarは３人称単数に活用します。

+α　gustarと同じ構文をとる動詞

gustarと同じ構文をとる動詞には、doler, encantar, importar, interesar, parecerなどがあります。

Me encanta el chocolate.
私はチョコレートが大好き。

Me duele la cabeza. (doler)
私は頭が痛い。

Nos interesa la cultura hispanoamericana.
私たちはスペイン系アメリカの文化に興味があります。

もやもや25 再帰動詞

再帰動詞って何？
やっぱりよくわからない。

再帰動詞とは再帰代名詞を伴う動詞で、基本的には主語の動作が主語自身に帰ることを表します。例えば動詞 levantar は「起こす」という意味ですが、再帰代名詞を伴うと、「自分自身を起こす→起きる」となります。

キホンのルール

levantarse（起きる）の活用

me	levanto	nos	levantamos
te	levantas	os	levantáis
se	levanta	se	levantan

再帰代名詞は、活用した動詞の直前に置きます。再帰動詞が不定詞として用いられる場合は、その後ろに直接つけることもできます。
Normalmente **me levanto** a las ocho pero mañana tengo que **levantarme** a las seis y media.
いつも私は8時に起きますが、明日は6時半に起きなければなりません。

ポイント1　直接再帰

再帰代名詞は「自分自身を」を意味します。
sentar(e→ie 語幹母音変化動詞)「座らせる」
→sentarse「自分を座らせる［座る］」
acostar(o→ue 語幹母音変化動詞)「寝かせる」
→acostarse「自分を寝かせる［寝る］」

(sentar) La profesora <u>los sienta</u> en la primera fila.
　　　　教師は彼らを最前列に座らせる。
(sentarse) Los alumnos trabajadores **se sientan** en la primera fila.
　　　　勤勉な学生は最前列に座る。

ポイント2　間接再帰

再帰代名詞は「自分自身に／から」を意味します。洋服など身に着ける物や、体の一部を表す名詞が直接目的語として使われます。

(poner) El dependiente <u>le pone</u> la peluca al Sr. González.
　　　　店員はゴンサレス氏にカツラを被せる。
(ponerse) El Sr. González **se pone** la peluca.
　　　　ゴンサレス氏はカツラを被る。
(lavar) Yo <u>le lavo</u> el pelo a mi bebé.
　　　　私は赤ん坊の髪を洗う。
(lavarse) Yo **me lavo** el pelo todos los días.
　　　　私は毎日髪を洗う。

ポイント3　相互の用法

主語が複数の場合、「互いに～する」という相互の意味を表すことがあります。

Juan y María **se quieren** mucho mutuamente.
フアンとマリアは互いに深く愛し合っている。

Los hermanos **se pelean** a menudo.
兄弟はよくけんかする。

練習問題

正しい動詞を選んで適切な形にしてみよう。
[quitarse, bañarse, ducharse, limpiarse, acostarse, vestirse, ayudarse, mirarse, divertirse, hacerse]

❶ ¿Generalmente (   ) o (   )?
 –Generalmente (   ), pero en invierno (   ).
 「君って、いつもシャワー？　それともお風呂？」
 「いつもはシャワーだけど、冬はお風呂かなあ」

❷ (   ) médico.
 彼は医者になった。

❸ Juan siempre (   ) en el espejo. Es narcisista.
 フアンはいつも鏡を見ている。彼はナルシストだ。

❹ Mi abuelo (   ) la dentadura postiza al acostarse.
 祖父は寝る前に入れ歯をはずす。

❺ Niño, tienes que (   ) los dientes antes de (   ).
 坊や、寝る前に歯を磨かなければいけませんよ。

❻ Antes de desayunar, (   ) y (   ).
 私は朝食の前にシャワーを浴びて服を着ます。

❼ ¿(   )? –Sí, (   ).
 「君たちは助け合っていますか？」「はい、助け合っています」

❽ En la fiesta de bienvenida (   ) mucho.
 歓迎パーティーでは、彼らはとても楽しみました。

> **すっきり**
>
> ・再帰動詞とは、必ず再帰代名詞を伴う動詞です。
> ・再帰代名詞は活用した動詞の前に置きますが、動詞が不定詞の場合は後ろに直接つけることもできます。
> ・直接再帰（再帰代名詞は直接目的語）、間接再帰（再帰代名詞は間接目的語）、相互などの用法があります。

+α　再帰動詞のその他の用法

再帰代名詞を用いることにより、強調したり少しだけ意味を変えたりすることがあります。

Mi hermano **se bebió** una botella de vino. (beberse)
兄はワインをボトル1本飲み干した。

Me muero de hambre. (morirse)
私は空腹で死にそうだ。

また、再帰代名詞 se は、受動態や無人称表現を作る場合にも用いられます。

もやもや 26 再帰代名詞 se の用法

Aquí no se puede fumar. の se は何ですか?

再帰代名詞の se です。se ＋動詞の 3 人称単数で、「人は（誰でも）〜する」を表します。

キホンのルール

①無人称文（再帰代名詞 se ＋動詞の 3 人称単数）
　主語が特定されない表現です。誰にでも当てはまる事柄を表します。

Se come bien en este restaurante.
このレストランはおいしい。（このレストランでは誰でもおいしい食事ができる）

¿Cómo se va a Sensou-ji?
浅草寺にはどうやって行きますか？

②再帰受身（再帰代名詞 se ＋動詞の 3 人称）
Aquí se venden coches usados.
ここでは中古車が売られています。

ポイント1 無人称文

「再帰代名詞se＋動詞の3人称単数」で「人は誰でも～する」を表します。動詞は、常に3人称単数で用います。

¿Cómo se dice "ringo" en español?
–Se dice "manzana".
「『リンゴ』はスペイン語でどう言いますか？」
「"manzana"と言います」

¿Cuántas horas se tarda de Tokio a Londres en avión?
–Se tarda unas 12 horas.
「東京からロンドンまで飛行機で何時間かかりますか？」
「大体12時間くらいかかります」

Se vive bien en este pueblo.
この町は暮らしやすい。

ポイント2 再帰受身

再帰代名詞のseを用いて、受身を作ることができます。主語は事物のみで、人が主語になることはありません。一般的に主語は動詞の後ろに置かれます。動作主が示されることはほとんどありません。

Se prohíbe fumar aquí.
ここは禁煙です。

En Canadá se hablan dos lenguas: inglés y francés.
カナダでは、英語とフランス語の2言語が話されています。

練習問題

A 動詞を適切な形にしてみよう。
[escribir, tardar, vivir, ir]

❶ ¿Cómo (　　　　　　　) tu nombre? –A-D-R-I-A-N-A.
「君の名前はどう書くの？」「A-D-R-I-A-N-A です」

❷ (　　　　　　　) feliz en Bután.
ブータンでは人は皆幸福に暮らしている。

❸ ¿Cuánto tiempo (　　　　　　　) en acabar ese trabajo?
その仕事を終えるのに（ふつう）どのくらいかかるかな？

❹ ¿Por esta calle (　　　　　　　) a la estación?
この道を通って駅に行けますか？

B 再帰受身の文になるように、動詞を適切な形にしてみよう。

❺ En Japón se (comer　　　　　　　) mucho arroz.
日本ではお米がたくさん食べられます。

❻ Estos artículos se (vender　　　　　　　) mucho.
この商品はよく売れている。

❼ Antes se (usar　　　　　　　) el teléfono fijo.
以前は、固定電話が使われていた。（線過去で）

❽ En Valencia se (cultivar　　　　　　　) muchos tipos de naranjas.
バレンシアではさまざまなタイプのオレンジが生産されている。

> **すっきり**
>
> ・再帰代名詞 se ＋動詞の3人称単数で、「人は（誰でも）～する」という意味を表します。
> ・再帰受身は、再帰代名詞の se を用いて作りますが、主語になれるのは事物のみです。人が主語になると直接再帰として解釈されてしまうからです。

＋α 動詞の3人称複数を用いた無人称文

　再帰代名詞 se ＋動詞の3人称単数は、話し手と聞き手を含め、一般的に誰にでも当てはまる事柄を表します。それに対して、動詞の3人称複数を用いた無人称文の場合、話し手と聞き手以外の誰かの行為を表します。

Llaman a la puerta.
誰か来たよ。（誰かノックしてるよ）

Dicen que los españoles son vagos. Pero no lo son.
スペイン人は怠け者だと言われています。でも、そうではありません。

　動詞の3人称複数で表す無人称文は、日本語では受身で訳すとぴったりくることがあります。

Me regalaron una caja de bombones en la fiesta de despedida.
お別れ会で私はチョコレートを1箱プレゼントされた。

Nos han preguntado si vamos a la conferencia.
私たちは講演会に行くかどうか質問された。

もやもや 27 疑問詞

ホテルを予約しようとしたら、
¿Para cuántas noches?と聞かれました。
「いくつの」はcuántoではないのですか？

形が変わる疑問詞があります。nochesは女性名詞の複数形なので、「何泊」と聞くときには、cuántoを女性複数形にして、cuántasとなります。また、paraのように前置詞が疑問詞の前に置かれることもあります。

キホンのルール

次のような疑問詞があります。

qué	「何」「どの〜」	cuándo	「いつ」
quién/quiénes	「だれ」	cuánto/cuántos	「いくつの」
cuál/cuáles	「どれ」	cuánta/cuántas	
dónde	「どこ」	por qué	「なぜ」
cómo	「どのように」		

ポイント 1 語順

「¿(前置詞)＋疑問詞＋動詞＋主語?」となります。

¿De dónde eres (tú)? –Soy de Colombia.
「君、どこの出身？」「コロンビアだよ」

¿Con quién vives? –Vivo con mi familia.
「君、誰と一緒に住んでるの？」「家族と住んでます」

ポイント2 性数変化をする疑問詞

quién, cuálは数変化、cuántoは性数変化をします。

¿Quiénes son esos señores?
その人たちはどなたですか？

¿Cuáles son tus zapatos?
君の靴はどれですか？

¿Cuántos hermanos tienes?
君は何人兄弟がいますか？

ポイント3 数量を尋ねるときの疑問詞cuánto

単独、もしくは後ろに名詞を伴います。

¿Cuánto vale?　–Son seis euros.
「いくらですか？」「6ユーロです」

¿Cuántos años tienes?　–Tengo veintitrés años.
「君何歳？」「23歳です」

¿Cuántas chicas hay en tu clase de español?
–Hay treinta y una chicas.
「君のスペイン語のクラスには何人女生徒がいるの？」
「31名です」

練習問題

A （　　）内に適切な形の疑問詞を入れてみよう。

❶ ¿(　　　　) es tu dirección de email? –Es hanako38@example.co.es.
「君のメールアドレスは何？」「hanako38@example.co.es です」

❷ ¿(　　　　) vive Claudia? –En Tarragona.
「クラウディアはどこに住んでいますか？」「タラゴナです」

❸ ¿(　　　　) son aquellos chicos? –Son mis colegas.
「あの人たちは誰？」「私の同僚です」

❹ ¿(　　　　) estás? –Regular.
「調子はどう？」「まあまあかな」

❺ ¿(　　　　) te costó el viaje a Japón? –Mil euros más o menos.
「日本への旅行はいくらかかった？」「大体1000ユーロかな」

B 前置詞を入れてみよう。

❻ ¿(　　　　) dónde son ustedes? –Somos de Guatemala.
「あなた方はどちらのご出身ですか？」「グアテマラです」

❼ ¿(　　　　) dónde vas? –Voy al gimnasio.
「どこに行くの？」「ジムに行くよ」

❽ ¿(　　　　) qué no me cogiste el teléfono anoche? –Porque no estaba en casa.
「昨晩、なんで電話に出てくれなかったの？」「家にいなかったんだ」

❾ ¿(　　　　) quién es este móvil? –Es de Lola.
「この携帯誰の？」「ローラのだよ」

すっきり

・疑問詞のなかには、性数変化をするものがあります。
・語順は、「¿(前置詞)＋疑問詞＋動詞＋主語?」となります。

+α　　疑問詞qué＋名詞

　「どの〜」を尋ねる場合、スペインでは主に「疑問詞qué＋名詞」を用います。
　一方、選択を尋ねるcuálを疑問形容詞として用いるのは、中南米では珍しくありません。

¿Qué color te gusta?
君は何色が好きですか？

¿Qué lenguas se hablan en Cataluña?　–Se hablan catalán y castellano.
「カタルーニャでは何語が話されていますか？」「カタルーニャ語とスペイン語が話されています」

もやもや28 関係詞

El señor que está sentado allí es mi jefe. という文の構造がよくわかりません。

El señor (que está sentado allí) es mi jefe. と考えてみましょう。かっこ内はel señor（先行詞）を修飾する関係節です。「（あそこに座っている）男性は私の上司です」という意味になります。

キホンのルール

よく使う関係詞に、次のようなものがあります。

関係詞のタイプ	関係詞	先行詞のタイプ
関係代名詞	que	人あるいは事物
	quien/quienes	人
関係副詞	donde	場所
関係形容詞	cuyo/cuya/cuyos/cuyas	人あるいは事物

関係詞の用法

限定用法：関係節が先行詞の内容を限定

Los estudiantes que viven lejos de la universidad suelen llegar tarde a clase.

大学から離れたところに住んでいる学生たちはよく遅刻する。

＊関係節が先行詞の内容を限定→「大学から離れて住んでいる」学生たちに限定。

説明用法：関係節が先行詞の内容を説明。先行詞のあとにカンマ(,)が入る

Los estudiantes, que viven lejos de la universidad suelen llegar tarde a clase.

その学生たちは、大学から離れた所に住んでいるので、よく遅刻する。

＊関係節が先行詞の内容を説明→ある学生たちをピックアップして、その学生たちについて説明。

ポイント1 関係代名詞 que

最も使い勝手の良い関係代名詞です。先行詞は人でも事物でもよく、関係節内の主語あるいは目的語になります。

La chica que está hablando con mi hermano es Rocío.
私の兄（弟）と話している女性はロシオです。

El libro que estoy leyendo es *El Quijote*.
私が読んでいる本は『ドン・キホーテ』です。

La chica que conocí ayer es la hermana de Enrique.
私が昨日のパーティーで知り合った女性は、エンリケの姉（妹）です。

ポイント2 関係代名詞 quien/quienes

先行詞は人に限られます。先行詞が複数の場合、quienesと複数形になります。限定用法の主語になることはないので、関係詞の前には必ずカンマか前置詞が入ります。

Aquellas señoras, quienes bailan allí, son profesionales.
あの女性たち、あそこで踊っているんだけど、プロのダンサーなのよ。

Aquel señor es el profesor de quien te hablé ayer.
あの人が昨日君に話した先生ですよ。

ポイント3 関係副詞 donde

場所を表す名詞が先行詞となります。

Esta es la casa donde nació mi padre.
これは父が生まれた家です。

Vamos a la discoteca Joy Eslava, donde nos conocimos.
Joy Eslava（ディスコの店名）に行こう、僕たちが知り合ったところに。

Me gusta la playa por donde paseaba todos los días.
私は毎日散歩をしていた海岸が好きでした。

練習問題

関係詞を入れてみよう。

❶ El libro (　　　　　　　　) compré ayer es muy interesante.
　昨日買った本はとても面白い。

❷ Esa es la chica de (　　　　　　　　) estoy enamorado.
　その女性が私が恋している人です。

❸ Vamos al pueblo (　　　　　　　　) se celebra una fiesta esta noche.
　今夜お祭りのある村へ行きましょう。

❹ Mis compañeros, (　　　　) trabajan muchísimo, siempre están cansados.
　私の仲間は、たくさん働いているので、いつも疲れています。

❺ Aquel es el restaurante (　　　　　　　　) comimos bien ayer.
　あれが、昨日私たちがおいしく食事をしたレストランです。

❻ El caballero (　　　　　　　　) vimos anoche es el abuelo de Andrés.
　夕べ私たちが見掛けた紳士はアンドレスの祖父です。

❼ Estos pantalones (　　　　　　　) me compró mi madre son de algodón.
　母が買ってくれたこのパンツは綿でできています。

すっきり

- 最もよく用いられる関係代名詞はqueです。先行詞は人でも事物でもよく、関係節内の主語あるいは目的語になります。
- 最もよく用いられる関係副詞はdondeで、場所を表す名詞が先行詞となります。
- quien, quienesの先行詞は人で、関係詞の前には必ずカンマか前置詞が入ります。

+α　独立用法

先行詞を含む関係詞の用法があります。
A quien madruga Dios le ayuda.
早起きは三文の得。

Quien no ha visto Granada no ha visto nada.
日光を見ずして結構と言うなかれ。

定冠詞＋queを用いることもあります。
Los que viven en Tokio están estresados.
東京の住人はストレスが溜まっている。

もやもや29 比較表現

比較表現にはどのようなものがありますか？

más ... que で作る優等比較、menos ... que で作る劣等比較、tan ... como で作る同等比較の3種類があります。不規則な比較形もあるので注意しましょう。

キホンのルール

- 優等比較 más ＋形容詞/副詞＋ que
  Este vino es más caro que aquel.　このワインはあのワインより高い。
  Mi madre se levanta más temprano que yo.　母は私より早く起きる。
- 劣等比較 menos ＋形容詞/副詞＋ que
  Aquel vino es menos caro que este.　あのワインはこのワインほど高くない。
  Me levanto menos temprano que mi madre.　私は母ほど早起きではない。
- 同等比較 tan ＋形容詞/副詞＋ como
  Este vino es tan caro como ese.　このワインはそのワインと同じくらい高価だ。
  Mi madre se levanta tan temprano como mi padre.
  母は父と同じくらい早起きだ。

ポイント1　不規則な比較形①

形容詞	bueno	malo	mucho	poco
副詞	bien	mal	mucho	poco
	↓	↓	↓	↓
比較形	mejor	peor	más	menos

Estos pendientes son buenos.　このピアスは良い。
Estos pendientes son mejores que esos.　このピアスはそれより良い。

Mi hermano come mucho.　兄はよく食べる。
Mi hermano come más que yo.　兄は私よりよく食べる。

ポイント2　不規則な比較形②

　形容詞grande「大きい」pequeño「小さい」には２つのタイプの比較形があります。
　規則形のmás grande, más pequeñoは具体的な形の大きさを比較するときに用い、不規則形のmayor, menorは抽象的な大小（年齢など）を表すときに用います。

Pepe es más grande que yo.　ペペは私より体が大きい。
Pepe es mayor que yo.　ペペは私より年上です。
Tengo un hermano mayor y dos hermanas menores.
私には兄が１人と妹が２人います。

ポイント3　muchoの同等比較

　tantoを用います。
Tengo muchos libros.　私はたくさん本を持っている。
Tengo tantos libros como Isabel.　私はイサベルと同じくらい本を持っている。
＊形容詞のtantoは修飾する名詞の性数に合わせて変化します。

Mi abuelo bebe mucho.　祖父はたくさんお酒を飲む。
Mi abuelo bebe tanto como mi padre.　祖父は父と同じくらいお酒を飲む。
＊副詞のtantoは変化しません。

ポイント4　その他の比較表現

・más/menos de ＋数字
Julián gana menos de seiscientos euros al mes.
フリアンは月に600ユーロも稼いでいません。

・más/menos de lo que ＋文
María Ángeles es más inteligente de lo que creéis.
マリア・アンヘレスは君たちが思っているより賢い。

練習問題

( ) 内の語を使って文を完成させてみよう。

❶ Es cuatro años _____ yo. (grande)
彼は私より4歳年上だ。

❷ Estudio _____ tú. (mucho)
私は君と同じくらい勉強する。

❸ El vino español es _____ el francés. (rico)
スペインワインはフランスワインと同じくらいおいしい。

❹ Tu moto es _____ la mía. (bueno)
君のバイクは私のより良い。

❺ Me gusta _____ el pescado _____ la carne. (mucho)
私は肉より魚の方が好きです。

❻ Tengo tres hermanas _____. (pequeño)
私には妹が3人います。

❼ Canto _____ Julia. (mal)
私はフリアほど歌がうまくない。

❽ Este año hace _____ calor _____ el año pasado. (mucho)
今年は去年ほど暑くない。

すっきり

スペイン語の比較表現には、優等比較、劣等比較、同等比較の3種類があります。不規則な比較形もあるので注意しましょう。

+α 最上級

　形容詞の最上級は、「定冠詞（または所有詞などの限定詞）＋（名詞）＋形容詞の比較形＋（de〜）」で作ります。

Este vino es el más caro de este restaurante.
このワインはこのレストランで最も高価だ。

Nuria es mi mejor amiga.
ヌリアは私の一番の親友です。

　副詞の最上級は、「(主語)＋ser＋定冠詞＋que＋動詞＋副詞の比較形＋de」で作ります。定冠詞は主語の性数に合わせます。

Mi madre es la que se levanta más temprano de la familia.
母は家族で一番の早起きです。

　比較表現を用いて、最上級の意味を表すことがあります。

María Jesús baila mejor que nadie.
マリア・ヘススは誰よりも踊りがうまい。

もやもや30 不定語と否定語

「誰も来ない」には、No viene nadie.と、Nadie viene.の2つの言い方があるの？

その通りです。否定語が動詞の後ろにくる場合、動詞の前に否定のnoが必要です。

キホンのルール

不定語	否定語
algo「何か」	nada「何も～ない」
alguien「誰か」	nadie「誰も～ない」
alguno「何らか（形容詞、代名詞）」	ninguno「1つの～もない（形容詞、代名詞）」

ポイント1 algoとnada

algoは「何か」、nadaは「何も（～ない）」を表します。

¿Quieres beber algo? –No, no quiero beber nada.
「何か飲みたいですか？」「いいえ、何も飲みたくありません」

¿Hay algo debajo de la cama? –No, no hay nada.
「ベッドの下に何かあるの？」「何もないわ」

ポイント 2 alguien と nadie

alguien は「誰か」、nadie は「誰も（〜ない）」を表します。

¿Hay alguien en el gimnasio?
–No, no hay nadie. Todos se han ido ya.
「体育館に誰かいる？」
「いいえ、誰もいないわ。みんな帰ったわ」

No vino nadie a la reunión. = Nadie vino a la reunión.
会議には誰も来なかった。

ポイント 3 alguno と ninguno

alguno と ninguno は性数変化します。形容詞として用いる場合、男性単数名詞の前で語尾の -o が脱落し、algún, ningún となります。

¿Hay algún problema?
–No, no hay ningún problema.
–No, no hay ninguno.
「何か問題ありますか？」「いいえ、何もありません」

¿Tenéis algunas dudas?
–No, no tenemos ninguna duda.
–No, no tenemos ninguna.
「君たち、何か疑問がありますか？」「いいえ、何もありません」

Algunos de ellos asisten a la reunión.
彼らのうちの何人かが会議に出席します。

Ninguna de ellas ha estado en Perú.
彼女らのうちの誰一人としてペルーに行ったことはありません。

練習問題

否定語か、不定語を入れてみよう。

❶ ¿Viene (　　　　　　)? –No, no viene (　　　　　　).
「誰か来た？」「誰も来てないよ」

❷ ¿Tienes (　　　　　　) pregunta?
 –No, no tengo (　　　　　　).
「君、何か質問ある？」「いいえ、何もありません」

❸ ¿Has probado (　　　　　　) plato típico de Marruecos?
 –No, no he probado (　　　　　　).
「君、モロッコ料理食べたことある？」「ないよ」

❹ (　　　　　　) estudiantes trabajan por horas.
何人かの学生はバイトをしている。

❺ (　　　　　　) día lo sabrás.
いつかわかるよ。

❻ No voy a (　　　　　　) lugar.
私はどこにも行きません。

❼ ¿Tienes (　　　　　　) idea para ganar dinero?
 –Lamentablemente no tengo (　　　　　　).
「お金を稼ぐために何か良い考えはある？」「残念ながら何もない」

DEUTSCH-JAPANISCHES WÖRTERBUCH 3. Auflage
自信を持っておすすめできる総合学習独和辞典です。

アクセス独和辞典 第3版

初習者には楽しく学べる視覚的工夫を、
既習者にはより充実した豊かな内容を!

➡ 類書をはるかに上回る
  7万3500語の見出し語数
➡ 最新の新正書法も取り入れ，
  従来の正書法も全面的に表記
➡ 初習者にも引きやすい
➡ 大規模コーパスを活用した初の独和辞典
➡ ドイツ語圏をより理解するための図版と記事
➡ 充実した和独

いちばん使いやすい学習独和辞典

類書をしのぐ充実の見出し語数
7万3500語
大規模コーパスを活用した初の独和辞典
最新正書法に準拠
2色刷
独和辞典売上 **No.1**
2014年4月～11月 紀伊國屋書店売上調査より

編集責任 在間 進
（東京外国語大学名誉教授）

本体 4,100円(+税)
B6変型判上製函入 2160頁
ISBN978-4-384-01234-7

独和辞典売上 **No.1**

iPhone、iPod touch および iPad用
アプリ版（音声付き）もApp Storeにて
好評発売中

ドイツ語を書こう・話そうとする日本人のための
最も新しい和独辞典

アクセス和独辞典

■現代日本からドイツ語圏まで
　幅広くカバーする見出し語数 **約5万6000語**
■発信に役立つ用例 **8万7000**

最新の和独登場!
類書までの見出し語5万6000、最新語彙と多数収録
最枝の幅を広げる句例・文例8万7000

圧倒的な使いやすさ
アクセス独和辞典の姉妹版

本体5,400円(+税) B6変型判上製函入 2072頁
ISBN978-4-384-04321-1

編集責任 在間 進
（東京外国語大学名誉教授）

楽しく続く人たちの工夫を公開

> 知ってる人は続いてる！一度に全部できなくていい

難所で立ち止まらずに **進める地図**
夢を着実に手に入れる **予定表**
さぼることを前提にした **カード** であなたも大丈夫！

だいたいで楽しい
ドイツ語・フランス語・中国語・韓国語・スペイン語・イタリア語 入門
使える文法

CD付　本体 各1,600円（+税）

短文なら聴き取れるけど、
ネイティブの会話にはついていけない、
というあなたに。

リスニング体得トレーニング　　CD2枚付　本体2,200円〜2,400円（+税）

耳が喜ぶ

ドイツ語, フランス語, 中国語, 韓国語,
スペイン語, イタリア語, ロシア語,
ブラジルポルトガル語

文法はひと通りやった。
成績だって悪くない。なのに、
会話で言葉が出てこない方に！

スピーキング体得トレーニング　　CD2枚付　本体2,200円〜2,400円（+税）

口が覚える

ドイツ語, フランス語, 中国語, 韓国語,
スペイン語, イタリア語, ロシア語,
ブラジルポルトガル語

> **すっきり**
>
> ・nadieやnadaなどの否定語が動詞の前にくる場合、否定のnoは使いませんが、動詞の後ろにくる場合は、動詞の前に否定のnoが必要になります。二重否定にはなりません。
> ・alguno, ningunoには、代名詞と形容詞の用法があります。どちらの場合も指している名詞や修飾する名詞に合わせて性数変化します。

+α　その他の否定語

否定語にはni「～も～もない」、tampoco「～もまた～ない」、nunca, jamás「決して～ない」などもあります。

No bebe ni fuma.
彼は酒もたばこもやらない。

No me gusta el café. -A mí tampoco.
「私はコーヒーが好きじゃないんだ」「僕も（好きじゃないよ）」

Víctor nunca come carne porque es vegetariano.
ビクトルは菜食主義者なので、決して肉を食べない。

練習問題の解答

1 形容詞
❶ Muchas ❷ joven ❸ nuevo ❹ azules ❺ antigua, hermosa ❻ buen
❼ grandes ❽ grande

2 冠詞
❶ un ❷ los ❸ unos ❹ El ❺ × ❻ El ❼ La ❽ unas

3 所有詞
❶ tu ❷ Nuestros ❸ Su ❹ nuestro ❺ Su, la nuestra ❻ mis, las tuyas
❼ mi, el tuyo

4 指示詞
❶ aquello ❷ esa ❸ aquellos ❹ eso ❺ camisetas ❻ lápiz ❼ carta

5 主格人称代名詞と前置詞格人称代名詞
❶ ustedes ❷ × ❸ yo ❹ contigo ❺ Él, ella ❻ mí ❼ contigo ❽ ×
❾ ella ❿ Contigo

6 目的格人称代名詞
❶ la ❷ Me ❸ los ❹ te ❺ me, te ❻ La ❼ Me, te ❽ Me, te

7 中性の定冠詞、中性の代名詞
❶ lo ❷ lo
❸ Eso　*Elloも間違えではありませんが、この場合非常に古めかしい言い方となります。
❹ eso　*por elloは、専門分野の論文などで使用されます。普通は練習問題の文のように por esoを用いて帰結（「だから」「それゆえ」）を表します。
❺ lo ❻ Lo ❼ Lo ❽ lo

8 数詞
❶ ciento un　❷ mil seiscientos dieciséis
❸ cero coma/con cinco siete cuatro, cero coma/con quinientos setenta y cuatro
❹ treinta y cinco millones　❺ seiscientos cincuenta mil
❻ trece millones trescientos mil　❼ treinta y un　❽ un, una

9 直説法現在規則活用
❶ Estudias, trabajas, Estudio　❷ vivís, Vivimos　❸ habla, Hablo
❹ compran, compran　❺ Coméis, comemos

10 直説法現在不規則活用①（語幹母音変化動詞）
❶ quieres, quiero（私のこと好き？　うん、好きだよ）
❷ empieza（コンサートは7時に始まる）
❸ devuelves, devuelvo（「いつ私にDVDを返してくれるの？」「明日、返すよ」）
❹ sirve（このプリンター、役に立たない。壊れているわ）
❺ preferimos（私たちは海より山が好き）
❻ Puedes（「窓を閉めてもらえる？」「もちろん」）
❼ pido（君に1つお願いがあるの）

11 直説法現在不規則活用②（その他）
❶ vas, Voy（「今日の午後どこに行くの？」「ショッピングセンターに行くよ」）
❷ oyes, oigo（「私の言ってること聞こえる？」「ううん、よく聞こえない」）
❸ haces, Doy（「明日、何をするの？」「彼女と車で出掛けるんだ」）
❹ Ves, veo（「今日の試合、見る？」「ううん、見ない。興味ないんだ」）
❺ trae, traigo（「メニューを持ってきていただけますか？」「今、お持ちします」）
❻ Conocéis, conocemos（「スペインに行ったことある？」「あるよ」）
❼ vienes, Vengo（「オフィスにはどうやって来るの？」「自転車で来るんだ」）

練習問題の解答

12　直説法点過去
❶ fuisteis, Fuimos（「君たちは先週土曜日どこに行ったの？」「小旅行でトレドに行きました」）
❷ fue,（「パリへの旅行はどうだった？」「まあまあかな」）
❸ tuvimos（昨日、私たちは大変遅くまで働かなければならなかった）
❹ te acostaste, Me acosté（「昨夜、君は何時に寝たの？」「すごく早く寝たよ」）
❺ Dormiste（「昨夜はよく眠れた？」「ええ、とっても」）
❻ hizo, nevó（去年の冬はすごく寒くて、雪がたくさん降った）
❼ vivió, se trasladó（私の兄（弟）は、メキシコに5年間住んだ後、アメリカ合衆国に移り住んだ）
❽ trajeron, trajeron（「東方の三博士は昨年君に何を持ってきてくれたの？」「自転車を持ってきてくれたの」）

13　直説法線過去
❶ vivías, eras, Vivía（「子供のころ、どこに住んでいたの？」「ビゴの近くの村に住んでいました」）
❷ estabas, Estaba, hacías, Estaba（「その時、どこにいたの？」「家だよ」「何をしていたの？」「昼寝をしていたよ」）
❸ gustaba（子供のころ、私たちはかくれんぼをするのが好きでした）
❹ Quería（部長と話したいのですが）
❺ decía, iba（アルベルトは空港にイザベルを迎えに行くと言っていた）
❻ Creíamos, eras（私たちは君が良い人だと思っていました）

14　点過去と線過去
❶ llovió　❷ tocaba　❸ estuvimos　❹ tenías, te casaste
❺ estabais, ocurrió　❻ llegué, eran　❼ había

15　過去分詞と完了
❶ habéis cenado, hemos cenado　❷ había empezado
❸ habremos limpiado　❹ Se habría cansado　❺ había estado
❻ ha visto, he visto　❼ había cortado

16　現在分詞と進行形

❶ estás haciendo, Estoy leyendo　❷ estabas haciendo, Estaba cenando
❸ estuvimos nadando　❹ estará haciendo
❺ nevando　❻ trabajando　❼ haciendo

17　未来と過去未来

❶ tendremos　❷ serían　❸ Podría　❹ Estará　❺ esperaréis　❻ saldría
❼ vendría　❽ serán

18　命令法

❶ Estudia más. / Estudiad más.
❷ No tengas miedo. / No tengan miedo.
❸ No mientas. / No mintáis.
❹ Haz el favor de callarte un poco. / Haced el favor de callaros un poco.
❺ Ve al médico ahora mismo. / Vaya al médico ahora mismo.

19　接続法現在の活用

❶ abras　❷ abráis　❸ muera　❹ mueras　❺ muráis　❻ mueran　❼ decir
❽ digas　❾ diga　❿ digamos　⓫ digan　⓬ ir　⓭ vaya　⓮ vayas
⓯ vayamos　⓰ vayáis　⓱ quieras　⓲ quiera　⓳ queráis　⓴ quieran
㉑ nosotros / nosotras　㉒ venir　㉓ estemos　㉔ hagan　㉕ demos

練習問題の解答

20　接続法現在の用法
❶ llueva　❷ lleguen　❸ quieras　❹ puedas　❺ haga　❻ toque　❼ estés
❽ bebamos, tomemos

21　tener と hacer
❶ tiene（ラファエルの鼻は大きい）
❷ tengo（私は38度の熱がある）
❸ tenéis（君たち、寒いの？）
❹ tienen（ルイスとダビは優しい）
❺ tiene, Tengo（「あなたはおいくつ？」「100歳です」）
❻ Hará mucho viento.
❼ Hace dos años que lo aprendo.
❽ Desde hace 15 años vivimos aquí. / Hace 15 años que vivimos aquí.
❾ Hacía menos calor que ahora.

22　ser と estar
❶ somos　❷ estás, Estoy　❸ es, está　❹ es, Es　❺ están　❻ es, Es
❼ estás　❽ es

23　hay と estar
❶ Hay　❷ está, Está　❸ estás, Estoy　❹ hay　❺ Hay, hay　❻ está, está
❼ hay

24　gustar 型動詞
❶ le, gusta, me, gusta　❷ les, gusta　❸ Os, gusta, nos, gusta
❹ me, gustan, le, gustan　❺ les, gusta　❻ les, gusta, nos, gusta
❼ te, gusta, Me, gusta

25　再帰動詞
❶ te duchas, te bañas, me ducho, me baño
❷ Se hizo
❸ se mira
❹ se quita
❺ limpiarte, acostarte
❻ me ducho, me visto
❼ Os ayudáis, nos ayudamos
❽ se divirtieron

26　再帰代名詞seの用法
❶ se escribe　❷ Se vive　❸ se tarda　❹ se va　❺ come　❻ venden
❼ usaba　❽ cultivan

27　疑問詞
❶ Cuál　❷ Dónde　❸ Quiénes　❹ Cómo　❺ Cuánto　❻ De　❼ A　❽ Por
❾ De

28　関係詞
❶ que　❷ quien　❸ donde　❹ que/quienes　❺ donde　❻ que　❼ que

29　比較表現
❶ mayor que　❷ tanto como　❸ tan rico como　❹ mejor que
❺ más, que　❻ menores　❼ peor que　❽ menos, que

30　不定語と否定語
❶ alguien, nadie　❷ alguna, ninguna　❸ algún, ninguno　❹ Algunos
❺ Algún　❻ ningún　❼ alguna, ninguna

スペイン語文法早わかりシート

性と数

1　形容詞

　形容詞は、基本的に名詞の後ろに置きます。名詞の性数に合わせて形が変わります。形容詞によっては、名詞の前や後ろに置かれ、位置によって意味が変わることもあります。

2 冠詞

- 定冠詞は話し手と聞き手の間で具体的に何を指しているかわかっている名詞につけます。
- 不定冠詞は、初めて話題に上る名詞につけます。
- 前置詞a, deの後に定冠詞elがくると、del, alになります。

3 所有詞

- 所有形容詞前置形は、名詞の前に置いて、「〜の」を表し、名詞を限定します。
- 所有形容詞後置形は、名詞の後ろに置いて、「〜の」を表したり、serの後ろに置いて、「…は〜のです」を表します。
- 所有代名詞は、「定冠詞＋所有形容詞後置形」で、「〜の（もの）」を表します。

4 指示詞

- 指示詞は、指す名詞の性数に合わせて形を変えます。代名詞や形容詞として用いられます。
- 指示代名詞には、中性形 esto, eso, aquello があります。

5 主格人称代名詞と前置詞格人称代名詞

- 主格人称代名詞と前置詞人称代名詞は１人称単数と２人称単数以外は同形です。
- 主格人称代名詞はしばしば省略されますが、主語を強調したり、はっきりさせる場合には用いられます。
- １人称単数と２人称単数が前置詞の後ろにくる場合、mí, ti となり、前置詞 con とともに用いられる場合は、conmigo, contigo と一語で表します。salvo, excepto, entre とともに用いられる場合は主格人称代名詞を使います。

6 目的格人称代名詞

直接目的格人称代名詞と間接目的格人称代名詞は、3人称の形のみが異なります。語順や重複などに注意しましょう。

7 中性の定冠詞、中性の代名詞

定冠詞と代名詞には、抽象的な事柄や、すでに話題に上った事柄を指す中性形があります。

8 数詞

- unoは男性名詞の前でun、女性名詞の前でunaになります。
- 100にはcien、101以上にはcientoを使います。
- 200～900台までの数字は、女性名詞の前で女性形になります。
- milは複数形にはならず、1000のときにunをつけることもありません。
- 100万は複数形になり、100万のときにはunをつけます。また、すぐ後ろに名詞がくる場合、前置詞deが必要です。

時制と法

9 直説法現在規則活用

- -ar動詞の活用：-o, -as, -a, -amos, -áis, -an
  -er動詞の活用：-o, -es, -e, -emos, -éis, -en
  -ir動詞の活用：-o, -es, -e, -imos, -ís, -en
  -er動詞と-ir動詞の活用語尾で、異なるのは、nosotros/nosotras, vosotros/vosotrasが主語のときのみです。
- 直説法現在は、現在継続中の状態や行為、習慣や繰り返し行われている行為、確実と思われる未来の行為や出来事を表します。

10 直説法現在不規則活用①（語幹母音変化動詞）

　語幹母音変化動詞には、e→ie, o→ue, e→iの3種類があります。その動詞が語幹母音変化動詞なのか、また、どの種類の変化をするのかは辞書で確認しましょう。

　語幹母音が変化するのは、アクセントのある個所です。例えば、preferirの場合、アクセントは2つ目のeにくるので、prefiero, prefieres...となります。主語がnosotros, vosotrosのときは、活用語尾にアクセントがくるので、語幹母音は変化しません。

11 直説法現在不規則活用②（その他）

現在形の不規則活用をする動詞には、語幹母音変化動詞のほかに、
① 主語が1人称単数のときだけ不規則な形になる動詞、
② 主語が1人称単数のときに不規則になり、さらに語幹母音変化をする動詞、
③ その他の不規則活用をする動詞、
の3つのタイプがあります。

12 直説法点過去

点過去は、過去の出来事をすでに終わったこととして表します（「～した」）。

13 直説法線過去

線過去は、過去の状況説明、婉曲表現、時制の一致などで用いられます。

14 点過去と線過去

- 点過去は、過去の出来事をすでに終わったこととして外から目線で表します。
- 線過去は、過去の出来事を始まりと終わりを問題にせず、中から目線で表します。

15 過去分詞と完了

完了は動詞haber＋過去分詞で作ります。直説法現在完了（haberの直説法現在＋過去分詞）、直説法過去完了（haberの直説法線過去＋過去分詞）、直説法未来完了（haberの直説法未来＋過去分詞）、直説法過去未来完了（haberの直説法過去未来＋過去分詞）があります。haberの時制を基準として、その時点で完了している（であろう）出来事などを表します。

16 現在分詞と進行形

現在分詞は、動作が進行形であることを表し、estarとともに進行形を作ります。estarのほかにはseguir, continuar, ir, venirを使い、異なるニュアンスを付け加えることができます。

17 未来と過去未来

- 未来は現在から見て先のことを表します。
- 過去未来は、過去のある時点から見て、その先のことを表します。

18 命令法

- tú, vosotrosに対する肯定命令には特別な形があります。
- tú, vosotros以外（usted, ustedes, nosotros）に対する肯定命令には接続法現在を用います。
- 否定命令では、すべての人称に対して接続法現在を用います。

19 接続法現在の活用

- 接続法現在の-ar動詞と-er, -ir動詞の活用語尾は、それぞれ直説法現在の-er動詞と-ar動詞の活用語尾に似ています。
- 不規則活用には、直説法現在1人称単数を基本にして活用する動詞、語幹母音変化動詞などがあります。

20 接続法現在の用法

- 主動詞が願望、命令、助言、疑惑、否定、価値判断、感情などを表す名詞節で用いられます。
- 未来、条件、譲歩、目的などを表す副詞節で用いられます。
- 形容詞節（関係節）で使われます。先行詞には、不定や否定を表す語句がきます。
- 推量や願望を表す表現とともに、独立文で用いられます。
- 2人称に対する肯定命令以外の命令で用いられます。

文の構造

21 tener と hacer
- tener は、状態や年齢を表すとき使います。
- hacer は、3人称単数で、天候や時の経過を表します。

22 ser と estar
- ser は主語の名前、職業、国籍を表すときに用います。
- estar は主語の状態を表すときに用います。
- ser と estar の後ろに同じ形容詞がくる場合は、意味やニュアンスが異なります。

23 hay と estar
- hay は不特定な人や物の存在の有無を表すときに使います。
- estar は特定の人や物の所在を表すときに使います。
- 特定、不特定は、人や物を表す表現により区別します。

24 gustar 型動詞

- 語順は「間接目的格人称代名詞＋gustar＋主語」です。
- 間接目的格人称代名詞を強調あるいは具体化する場合、前置詞a＋名詞（句）／前置詞格人称代名詞を文頭に置きます。
- 主語に不定詞を置き「〜することが好きです」を表します。この場合、不定詞が2つ以上並んでも、gustarは3人称単数に活用します。

25 再帰動詞

- 再帰動詞とは、必ず再帰代名詞を伴う動詞です。
- 再帰代名詞は活用した動詞の前に置きますが、動詞が不定詞の場合は後ろに直接つけることもできます。
- 直接再帰（再帰代名詞は直接目的語）、間接再帰（再帰代名詞は間接目的語）、相互などの用法があります。

26 再帰代名詞 se の用法

- 再帰代名詞 se ＋動詞の3人称単数で、「人は（誰でも）〜する」という意味を表します。
- 再帰受身は、再帰代名詞のseを用いて作りますが、主語になれるのは事物のみです。人が主語になると直接再帰として解釈されてしまうからです。

27 疑問詞

- 疑問詞のなかには、性数変化をするものがあります。
- 語順は、「¿(前置詞)＋疑問詞＋動詞＋主語?」となります。

28 関係詞

- 最もよく用いられる関係代名詞はqueです。先行詞は人でも事物でもよく、関係節内の主語あるいは目的語になります。
- 最もよく用いられる関係副詞はdondeで、場所を表す名詞が先行詞となります。
- quien, quienesの先行詞は人で、関係詞の前には必ずカンマか前置詞が入ります。

29 比較表現

スペイン語の比較表現には、優等比較、劣等比較、同等比較の3種類があります。不規則な比較形もあるので注意しましょう。

30 不定語と否定語

- nadieやnadaなどの否定語が動詞の前にくる場合、否定のnoは使いませんが、動詞の後ろにくる場合は、動詞の前に否定のnoが必要になります。二重否定にはなりません。
- alguno, ningunoには、代名詞と形容詞の用法があります。どちらの場合も指している名詞や修飾する名詞に合わせて性数変化します。

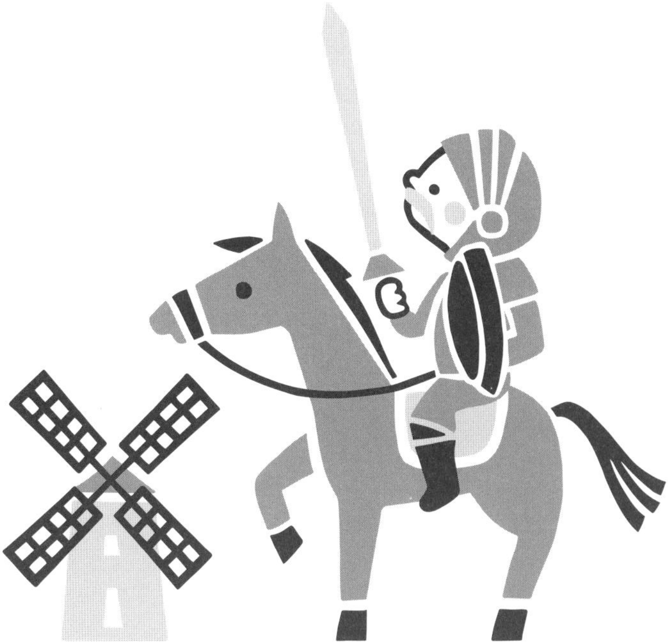

直説法の時制のまとめ

現在

estudiar español

現在

Estudio español.　私はスペイン語を勉強しています。

現在完了と点過去

出来事　今日は3月7日の土曜日、5日前の月曜日にパソコンを買った。

●現在完了　**He comprado** un ordenador esta semana. 私は今週パソコンを買った。

comprar un ordenador

現在

「今」と関係のある期間 (esta mañana/semana, este mes/año)

●点過去　**Compré** un ordenador hace cinco días. 私は5日前パソコンを買った。

comprar un ordenador

現在

点過去と線過去

出来事　勉強した。

estudiar　　点過去

線過去　　　　　現在

●点過去：Ayer **estudié** cuatro horas. 私は昨日4時間勉強した。
●線過去：Mientras **estudiaba**, sonó el móvil. 勉強していたら、携帯が鳴った。

未来と過去未来

出来事 パーティーに行く。

● 未来：Juan **irá** a la fiesta. ファンはパーティーに行くだろう。

```
                              ir a la fiesta
────────────────┼──────────────────────────
              現在
```

● 過去未来：Juan me dijo que **iría** a la fiesta. ファンは私にパーティーに行くと言った。

```
                              ir a la fiesta
────────┼──────────────────────────────────
     Juan me dijo
```

過去完了

出来事 パソコンを買う。

Mario me dijo que **había comprado** un ordenador. マリオはパソコンを買ったと私に言った。

```
    comprar un ordenador
──────────┼────────────────────────────────
                    Mario me dijo
```

未来完了と過去未来完了

出来事 パソコンを買う。

● 未来完了：Mario habrá comprado un ordenador para la Navidad.
マリオはクリスマスまでにはパソコンを買っているだろう。

```
                    comprar un ordenador
────────────────┼──────────────────────┤
              現在                  Navidad
```

● 過去未来完了：Mario me dijo que habría comprado un ordenador para la Navidad.
マリオはクリスマスまでにはパソコンを買っている、と私に言った。

```
              comprar un ordenador
────────┼──────────────────────────────┤
   Mario me dijo                    Navidad
```

著者プロフィール

徳永志織（とくなが・しおり）
日本大学経済学部教授。津田塾大学学芸学部英文学科卒業。東京外国語大学大学院博士後期課程単位取得退学。マドリード自治大学哲文学部博士課程修了。博士（言語学）。専門は、スペイン語形態統語論、日西対照研究。明るくパワフルな授業に定評がある。著書に『だいたいで楽しいスペイン語入門 使える文法』（三修社）『快速マスタースペイン語』（語研）がある。

愛場百合子（あいば・ゆりこ）
東京大学、東京外国語大学、一橋大学、成蹊大学、専修大学、日本大学非常勤講師。南山大学スペイン語学科卒業。東京外国語大学大学院博士後期課程単位取得退学。スペイン政府給費留学生としてマドリード・コンプルテンセ大学、アリカンテ大学への留学経験あり。初中級者への教授経験が豊富で、習得度に合わせた教え方が人気。著書に『ひとりで学べるスペイン語教室』（共著、国際語学社）がある。

スペイン語校正
Raquel Rodríguez Rubio（マドリード州公立語学学校スペイン語専任講師）

もやもやを解消！スペイン語文法ドリル

2016年3月20日　第1刷発行

著　者　　徳永志織・愛場百合子
発行者　　前田俊秀
発行所　　株式会社 三修社
　　　　　〒150-0001　東京都渋谷区神宮前2-2-22
　　　　　TEL03-3405-4511　FAX03-3405-4522
　　　　　http://www.sanshusha.co.jp
　　　　　振替00190-9-72758
　　　　　編集担当　安田美佳子
印刷所　　倉敷印刷株式会社

©Shiori Tokunaga, Yuriko Aiba 2016 Printed in Japan
ISBN978-4-384-05785-0 C1087

Ⓡ＜日本複製権センター委託出版物＞
本書を無断で複写複製（コピー）することは、著作権法上の例外を除き、禁じられています。
本書をコピーされる場合は、事前に日本複製権センター（JRRC）の許諾を受けてください。
JRRC http://www.jrrc.or.jp
eメール：info@jrrc.or.jp
電話：03-3401-2382

イラスト：とつかりょうこ
本文デザイン：スペースワイ
カバーデザイン：白畠かおり